相遇，在

Camino

凱西女孩 —— 著

Santiago de Compostela

Sarria

O Cebreiro

Muxia

Finisterre

Pontevedra

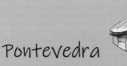

Tui

Caminha

Portugal

Porto

Saint-Jean-Pied-de-Port

Roncesvalles

Pamplona

Logrono

Puente la Reina

Castrojeriz

Burgos

Spain

 目錄

Contents

序

凱西

對於徒步的行前準備，沒有好體力就靠意志力

　　我的澳洲生活因為簽證期限，即將在六月結束，那時我就決定，要在九月秋分的季節走「朝聖之路」（Camino de Santiago），不會太熱，也能順便過個有意義的生日。但是，中間三個月的空檔我也不想空等浪費，於是跑到北海道食宿交換。這個決定，卻讓我的行程過於緊湊，僅在幾次休假日從家裡走到五公里遠的摩周湖往返，實在稱不上是有準備的體能訓練。

　　心裡其實很焦慮，明知道自己要做一件具有挑戰性的旅行，卻沒有事先好好的練習，「沒關係的，走不快就慢慢走，走不遠就多花幾天走，我一定可以走完」，不斷地與自己精神喊話。相信能走完朝聖之路不只需要體力，更重要的是意志力。因為，在旅行這件事上我總有股莫名堅強的意志力！

　　事實證明，頭兩個禮拜「真的」很痛苦、疲憊，甚至埋怨自己。但是第三個禮拜開始，便會慢慢地適應每天背著十公斤在大太陽底下走二十幾公里。三個月內，我接連完成了法國之路、葡萄牙之路以及日本朝聖之路「熊野古道」，總計超過一千公里，聽起來很瘋狂，但當時的我真捨不得停下來結束這趟徒步之旅。

不在身旁卻能神救援的好旅伴

　　除了體能訓練外，瞭解朝聖之路的由來以及路上情況也是非常重要的行前功課。朝聖之路的由來源自於九世紀初在聖地牙哥-德-孔波斯特拉（Santiago de Compostela）發現耶穌十二門徒之一「聖雅各」（Saint James）的遺骸，從此這個城市就成了歐洲最著名的朝聖地之一。

從哪裡出發並不重要，只要終點是聖地牙哥-德-孔波斯特拉，就是你的朝聖之路。「法國之路」等路線的出現，是由於歐洲理事會將路線優化方便朝聖者規劃食宿。也因為法國之路的文化價值，被登錄為「巡禮路」世界遺產。全世界只有兩條，另一條是日本的「紀伊山地的靈場和參拜道」（熊野古道）。

在網路發達的資訊中，我找到了「旅行熊-和我的跟班Smallove」部落格，因為頻繁地詢問雙朝聖之路的問題，聊著聊著便成為知心網友。Smallove早在幾年前完成法國之路，而我在走法國之路的時候，他正好在走葡萄牙之路，雖然我們不是一起徒步的旅伴，但我們朝著同一個目的地前進，每天分享著彼此的進度跟遭遇的困難，Smallove常常在我迷路或者不知道晚餐要吃什麼的時候，透過網路神救援。

Why Camino？

與朝聖者的第一個話題絕對是「Why Camino？」。每個人的理由都不一樣，可能是離婚、失業、退休……，我的理由很簡單，僅僅只是因為失戀，而且是很多年前發生的故事。

當時正值低潮的我閱讀到《那時候，我只剩下勇敢》（Wild），講述一位女性在失去親人、愛情之後，踏上美國西部的太平洋屋脊步道（Pacific Crest Trail，簡稱PCT）的旅程。當我看到她孤獨一人、歷經磨難之後，重新找到人生的希望，讓我也想逃離所有的紛擾，將自己流放到荒野之中。

在搜集資料的過程裡，雖然有出現過「朝聖之路」的關鍵字，但因為字面上看起來像是與宗教有關的自我探索，就沒有放在心上。直到電影《我出去一下》（I'm Off Then），才知道「朝聖之路」不只是天主教徒的朝聖之路，也乘載了形形色色帶著不同理由前來的徒步者。

有些老者已經退休了來走走路，思考人生的下一個階段要做什麼；有些人辭了現在不喜歡的工作，對於未來感到茫然；也有些年輕人趕在自己要被社會責任綁死之前，來一段Gap Year；也有傷心的人因為放不下生離死別，到這裡尋求心靈的平靜。不管你的理由是什麼，只要「我想走看看朝聖之路」這個念頭曾經在你腦海閃過，我都會鼓勵你——上路吧！

人生的黃箭頭

朝聖之路上，會看到黃箭頭不斷地出現，為朝聖者指引正確的方向。每次只要看到黃箭頭，就會鬆了一口氣，「沒錯，我走對了」。那麼，走完這條路就不再迷惘了嗎？當然不是，畢竟人生並沒有黃箭頭。

不過，與不同朝聖者的相遇、長時間的獨處，確實讓朝聖者們開始學習用更多面向去思考所遇到的人生課題。這條路上，我看見一個不諒解父親的女兒遇到想得到女兒諒解的父親；一個創業致富的商人想逃離接不完的電話；在傳統社會下卻能活出自我的退休老師……。未來還是會有許多困難等著我們，但是帶著朝聖之路教我們的事，相信能找到更好的解答。

01.

所有的事都從七點開始

Bayonne   Saint-Jean-Pied-de-Port

· 終於抵達起點——聖讓皮耶德波爾

　　終於到了巴約訥（Bayonne），要去法國之路的起點——聖讓皮耶德波爾（Saint-Jean-Pied-de-Port）之前，得先從戴高樂機場坐到這裡轉車。雖然出發前已經在腦海裡沙盤推演很多次了，真實地站在車站裡，還是有種輕飄飄、不敢置信的感覺。「咕嚕～」肚子裡發出的聲響，把我拉回現實，填飽肚子要緊啊！趕緊到小吃部買點便宜的三明治，安撫飢腸轆轆的五臟廟。

　　一邊啃著三明治，一邊看著這車站裡的人，全都是要去朝聖之路的吧？每個人都是登山型的後背包、手拿登山杖，對面的那位老先生鼓鼓的背包上還掛著一雙替換的鞋，他承受得起那樣的包袱嗎？旁邊這對情侶看起來輕便許多，也許是因為兩人一起上路可以共享些盥洗用品，但這一路上不會吵架嗎？長途旅行可是對感情的一大挑戰呢！

· 成排的民宿在旺季仍是供不應求

所有的事都從七點開始

想到這裡都覺得好笑，有閒情逸想別人能否順利走完，不如擔心自己。第一次長程徒步，就把終點設定在八百公里遠的聖地牙哥-德-孔波斯特拉（Santiago de Compostela），還因為出發的太匆忙、擔心路上買不到所需品，背包被我塞得快要撐破了。

　　當火車停靠在聖讓皮耶德波爾車站，朝聖者傾洩而出，想到我真的要開始走朝聖之路，竟然就驕傲起來，這只不過才是起點，甚至都還不算出發呢！不，我知道我的個性，一旦開始走了就不會中途而廢，朋友都說我的堅毅常常發揮在奇怪的地方。

　　「嗨～不好意思！」有位少年在我走進旅館前叫住了我，在人生地不熟的地方被攔下來，心裡忍不住揣測他到底要向我問些什麼，如果是要問我當地或是朝聖之路的資訊，恐怕我知道的也不會比你還多。少年問：「今晚妳住在哪裡呢？這附近似乎已經住滿了。」我比了幾步之遙的建築，那是我今晚的旅館。少年早我幾步進了門，沒幾秒便黯然地離開。

　　輪到我推門進去，坐在大廳的老闆把我當成同樣來碰運氣的朝聖者：「已經都客滿了喔！」「不、不，我有預訂了！」我趕緊報上名字，明明就有訂房，還是捏了一把冷汗。老闆再三核對著我的姓名，一邊說著：「妳有訂位真是太好了，這個月份忙得不得了，到處都客滿了呢！」

老闆在這裡經營Gita de la Porte Saint Jacques民宿已經好些年了，每天早上都會準備手作的水果派跟麵包，讓朝聖者可以儲備足夠的熱量出發。他領著我去到房間，一層樓擺著七張小床，我搭的是最後一班抵達聖讓皮耶德波爾的車次，很明顯唯一一張空著的床位就是我的。

　　他看著我吃力地放下後背包，忍不住皺起眉頭說：「如果揹不動可以用寄的，朝聖之路上的住宿都有配合載行李的公司，只要在背包綁上信封，裡頭裝著錢、寫好隔天入住的地址，就會有人幫你送過去。」

　　「從聖讓皮耶德波爾到倫塞斯瓦列斯（Roncesvalles）約二十七公里，還要翻越過庇里牛斯山，所以運費會貴一點為八歐元，之後不超過四十公里的路程都是五歐元。」我在網路上查資料的時候，知道可以花五歐元請人運送行李，但我本來就不打算花錢在託運上，更何況第一天還要多三歐？打死我都不會做的。

　　「妳好好考慮一下，趕緊休息吧？明天早餐七點開始、朝聖者辦公室七點開門，所有的事都從七點開始。」

‧朝聖者辦公室裡，大家都在排隊領護照

02.

地獄庇里牛斯山

Saint-Jean-Pied-de-Port → Roncesvalles

· 背包竟然重達十二公斤

在朝聖者辦公室可以領取到：一本朝聖者護照，它是用來沿路蓋章以證明朝聖者親自走過這些地方；一份表單，上面有一路上每個小鎮的距離公里數以及可投宿的庇護所；一份坡度圖，讓朝聖者有個心理準備隔天的路途是輕鬆平路還是層層高山；最後還可以挑個喜歡的貝殼掛在身上，這是成為一位朝聖者的標誌。

我在辦公室用磅秤量了背包的重量，心想無論無何都不能超過十公斤，沒想到竟然裝了十二公斤之多！猶豫著要丟掉些什麼，但又覺得都是會用到的，不斷地懊惱自己究竟是怎麼準備的，事到如今也只好硬著頭皮全揹上身。

聖讓皮耶德波爾是朝聖之路中「法國之路」的起點，也是電影《朝聖之路》（The Way）故事的開始。地面的磁磚上有一片片的金色貝殼突起，每跨出一步就離終點更進一步，正走在自己夢想的旅途上，暫時忘卻打包失敗的錯誤，空氣中彷彿流轉著勇士出征的奏樂，讓人精神抖擻大步向前邁進。

今天預計要走到倫塞斯瓦列斯，按照Google Map的計算，二十七公里只需要六小時，時間還早呢，傍晚之前我一定走得到。路上有人騎馬，有人騎腳踏車，有人走不到十公里就開始找住宿、休息喝啤酒。原來走朝聖之路不是非得要很辛苦，可以有一百種方式，只要是自己負擔得起，雖然我沒有多餘的預算可以寄送行李，並且要以徒步完成全程，但能用自己的方式完成朝聖之路的話，再辛苦也是甘之如飴。

專心看著前方的路，轉頭看見山的遼闊、成群的綿羊，白雲落在草地上，影子忽明忽暗，心裡覺得好是感動，竟然可以獨自占有這美景，好像整座庇里牛斯山都是我的。忘我地哼著歌、與路過的綿羊自拍，阿里牽著腳踏車從我身旁經過，「你看起來很開心，狀況很不錯喔，平常有在運動吧？」我嚇了一跳，因為都沒遇到其他朝聖者的我，正大聲唱著五月天，真丟人。不過阿里的誇獎讓我心虛了起來。朝聖之路前我在北海道食宿交換，每天餵牛、掃牛舍，只利用休假日爬了兩次山。

阿里是智利人，兩個孩子的爸爸，問他為什麼自己來走朝聖之路，他笑著說全家族的人都覺得走八百公里太累了，他是家裡唯一的瘋狂分子。

· 可以徒步、腳踏車、騎馬來完成朝聖之路

• 「Buen Camino」是西班牙語的「一路順風」，沿途所有朝聖者都會用來打招呼或是說再見

「妳呢？怎麼會自己來，沒有家人朋友想跟妳一起嗎？」

我吐了吐舌頭：「我也是家裡唯一一個瘋狂分子吧？」

兩人走著笑著就到了山頂上，阿里說：「我們已經到了山頂，接下來就輕鬆了吧！Buen Camino！」說完阿里便騎上腳踏車下坡，一溜煙地消失在蜿蜒的盡頭。

最後下坡的兩公里根本不如阿里說得輕鬆，碎滑的石子路每一步都得很小心，背上的十二公斤已經快要壓垮我的肩膀，肩帶像是咬進了身體，企圖要將我的手臂與軀幹分離；腳底板的酸楚蔓延到了小腿、大腿甚至到臀部，無法想像明天早晨我的身體會有多麼疼痛。此時烏雲遮住了最後一絲微薄的陽光，疲憊以及害怕讓我有種想哭的衝動。但是，現在哭也沒有用、停下來休息也沒有用，唯一能做的事就是——**趕快繼續向前走。**

　　前方有一片茂密的樹林，「穿過樹林就到了啊」，但是往裡頭探去，樹葉遮住了天空昏暗無光，我咬著牙走進了幾步路又退了出來。站在樹林前不知所措，真希望有人經過能陪我一同穿越。幸好，下一秒就有兩名朝聖者緩緩走來，她們是一對丹麥姊妹，妹妹艾琳才剛結束一段不愉快的婚姻，姊姊貝拉提議一起來走朝聖之路轉換心情，怎麼知道第一天艾琳就扭傷了腳，只能慢慢地走。

　　倫塞斯瓦列斯唯一的庇護所Albergue de Peregrinos de Orreaga-Roncesvalles，是潘普洛納（Pamplona）的主教為了照顧所有翻山越嶺前來的朝聖者們所興建的醫院兼庇護所，算是規模不小的公立庇護所，不過即使有一百八十三張床位，旺季時期還是供不應求。與我一起抵達的丹麥姊妹落寞地坐在庇護所門

・四下無人，昏暗的樹林令人怯步

・跟著丹麥姊妹一起進樹林

口，等著計程車載她們到下一個鎮上，「要一起坐車嗎？」貝拉好心地問我，我不好意思地從口袋掏出一紙預約單表示已經訂好了床位，「妳真聰明。」艾琳無奈地說。

隔天又在蘇維里（Zubiri）庇護所前遇到正在詢問床位的丹麥姊妹，櫃台的服務人員告訴她們已經客滿。私營庇護所彼此都有聯繫的網絡，服務人員幫她們查詢了其他庇護所，但整個小鎮恐怕是都沒有床位了。尷尬地跟姊妹倆道別，與昨天一樣的情況重演，希望她們能找到好心的居民收留，並且開始預訂床位。

我的第一天竟然走了十小時。以熱水洗去今天一身的疲勞後，倒也不覺得怎麼餓，塞了幾口中午沒吃完的三明治，只想爬上我的床鋪。「啊……是床鋪耶！」抱著枕頭彷彿得到了最珍貴的寶物，回想幾個小時前我還在艱難的徒步中，在床上攤平的瞬間真是太幸福了。滑開手機看見朋友的訊息：「還好嗎？第一天的朝聖之路累不累？」我還來不及回話，便抱著手機昏睡了過去。

· 折騰了一天後還有790公里的合影

03.

人生是自己創造的

Roncesvalles   Zubiri

圖片提供／崔順慈（Soonja）

・正中午就醉倒在路旁的女子

　　經過了庇里牛斯山的教訓，接下來的路程再也不敢掉以輕心，相信Google Map所說的行走時間。天一亮吃過早餐，便不多逗留往下個目的地前進。

　　蘇維里是個小鎮，有民宿、有酒吧，今天早早就抵達了，難得能夠好整以暇地吃個晚餐，四處張望哪裡有便宜的餐酒館時，遠遠便看見一位色彩繽紛的女子醉倒在行人座椅上，十分地顯眼。除了用「色彩繽紛」，我想不出更好的形容詞，她穿著鮮黃色的上衣、花裙子、亮綠色褲襪以及彩色的圍巾，集所有亮眼的色彩於一身。

　　在民宿的房間裡研究著明天要走到哪個小鎮，傳來一陣敲門聲，開門一看是剛剛醉倒在外面的那位女子，臉上帶著酒後的紅

頰，見到我是亞洲臉孔，開心地大喊：「阿妞哈誰呦！」不知道是不是因為前陣子韓國拍攝了朝聖之路的實境秀，造成韓國人來朝聖之路的熱潮，路上七、八成的亞洲臉孔都是韓國人，許多庇護所也都貼著韓文的住宿說明。在我向女子解釋我不是韓國人的同時，隔壁房間開了門：「Soonja妳喝醉嗎？走錯房間了啦。」

　　隔天早晨，素不相識的朝聖者們在餐桌上用著早餐，Soonja拉開我身旁的椅子打破了沉默，跟大家聊著為什麼來到朝聖之路。對面的三位朝聖者是英國來的蘇珊、喬跟曼蒂，她們是大學時期就認識的朋友，蘇珊在繁忙的稅務所上班被工作壓得喘不過氣，於是用一週的假期拉著兩位好朋友來走朝聖之路。許多歐洲人都像蘇珊一樣，利用短期休假前來，將朝聖之路分次完成。

　　看著Soonja活絡了餐桌的氣氛，我像個新來的轉學生坐在旁邊靜靜聽著，突然Soonja向大家介紹我是她來自臺灣的朋友，默默地感謝Soonja拉近了我跟其他人的距離。大家問起我來朝聖之路的理由，我有些不好意思地說自己剛結束澳洲的學生生活，在回到臺灣之前，想來完成之前未能履行的旅程。蘇珊笑著說，「You are in changing time」（妳正處於轉變期），相較於亞洲思維我現在是個失業或待業、沒有成家立業的女人，蘇珊用了「轉變期」一詞，充滿了更多正面意義，讓我不再妄自菲薄，怯於回答自己現在的狀態。

・跟Soonja說好要再一起喝酒，
但她步調實在太慢遇不到一塊

Soonja原來是一位國小老師，經歷了離婚之後她在五十幾歲提早退休，打破了我對於一位老師或是離婚婦女的刻板印象。她穿著用色大膽、活出自我，在所有人幾乎是大同小異的朝聖者模樣之間（機能型的排汗衫、登山包、手持兩根登山杖），她完全不在乎自己在群體中顯得格格不入，是隻漫舞在朝聖之路的蝴蝶，為每位擦身而過的旅人帶來驚喜與歡笑。

　　我們說好要再一起喝酒，但因為Soonja的步調太慢（隨興地跟投緣的朝聖者停停走走），不一會就拉開了距離，即使一路上都保持著簡訊聯絡卻還是難再遇到，直到我抵達終點聖地牙哥後多留了兩天，才終於在離開前與Soonja見上了。她在人群中依舊是那麼地顯目，人來人往中一眼能找出她在哪。

　　Soonja拉著我坐在教堂前享受陽光、感受人們抵達的喜悅以及離別的傷感。突然，有對夫婦大叫著：「Soonja？」看吧，我就說她真的很好找。妻子激動地抱著Soonja說：「真的很高興能再見到妳，如果沒有妳，我早就在這條考驗的路上失去耐心，是妳的笑聲讓我能夠繼續前進。」

　　夫婦道別後，Soonja轉身對我說：「如果妳來韓國記得來找我，可以住我家、一起去爬山，秋天的濟州島很美。」 我對於Soonja這般自由自在，並且樂在其中的生活，流露出羨慕的眼神。問她是如何辦到的，她笑笑地說：「I made it.」（我自己創造的）

　　當我們在羨慕別人生活的同時，可曾問過自己做了什麼改變。

・與Soonja在聖地牙哥教堂前合影

　　最近有部韓國電影《82年生的金智英》，講述了韓國女性傳統壓抑的一生，Soonja可以像所有傳統韓國婦女那樣，一輩子只做個好老師、好太太或者好媽媽，但卻沒了自己想要的樣子。她沒有選擇世俗規範的人生道路，用自己想要如何被看見的樣子活著，或許在別人的眼裡是種離經叛道，但在我眼裡她是如此地溫暖耀眼。

04.

誰吃了我的蛋糕？

Pamplona　　　　Alto del Perdon　　Puente la Reina

穿越一處河谷，成群的小蝴蝶慢下了我的腳步，現在回想起來，這些蝴蝶們帶來了我在朝聖之路最好的朋友。

　　因為我停下來不斷地對白色、如花瓣紛飛的小蝴蝶拍照，擋住了身後的克莉絲汀無法前進，但她沒有因此生氣或是請我讓路，默默地在後方拍下影片記錄這個像是第一次看到蝴蝶般喜悅的女生，這也是唯一一段有人為我記錄的影片。當時我們並沒有太多交談，只是微笑點頭地擦肩而過。我也注意到克莉絲汀，她是一位高挑美麗的女子，超越我之後她又繞道旁邊的小溪，在烈陽下獨自享用溪水的沁涼。

　　隔天我獨自一人走在路上，背包裡放著昨夜幫自己買的生日蛋糕，其實也稱不上是個生日蛋糕，只是在麵包店裡選了個馬芬（Muffin）。躺在大樹下休息片刻，我閉上眼睛想像著今晚要怎麼獨自慶祝生日，去餐酒館吃一頓？一位女性的聲音將我喚回現實。

　　「在樹下午休真是個好點子耶。」定睛一看，不就是昨天那位被我擋住去路的女子？「嗨，我是克莉絲汀，昨天捕捉到妳在拍蝴蝶的畫面，妳想要這段影片紀念嗎？」

　　我們開始肩並肩走著，克莉絲汀是來自巴塞隆納的攝影師，她美麗又獨立，有一份自己熱愛的工作，過著令人稱羨的完美生活，但是她這次來朝聖之路是想找到自己的脆弱與無助。不久前才遇到一位阿根廷婦人，她來朝聖之路是因為她很膽小，想要藉著克服朝聖之路讓自己變得自信，但克莉絲汀卻是來探索自己的弱點，看到了自己不完美的那一面，然後接受，人生雖不再完美但是完整了。

・在寬恕之峰與克莉絲汀相識

　　正好走到了最著名的地標 —— 寬恕之峰（Alto del Perdon），有著一排與人等比例的古代朝聖者剪影，彷彿我們現代與先者在此相遇，紀念碑刻著「風的路徑與恆星的路徑相交」（Donde se cruza el camino del viento con el de las estrellas）的字樣，由於山頂海拔將近八百米，風速十分的強勁，旁邊還看得到數臺白色的風力渦輪機，風有多大可見一斑。我跟克莉絲汀想要一同合照，但是頭髮像海帶瘋狂地拍打我們的臉，兩人又叫又笑地在寬恕之峰留下了有趣又可貴的紀念合照。

　　路上，我們確認了彼此今晚的住宿，竟然不約而同地預訂了同一間旅館。我詢問克莉絲汀是否願意跟我一起慶祝生日、共同晚餐，她簡直不敢相信我們成為朋友的第一天就是我的生日，興高采烈地討論著晚上我們要吃什麼。

　　就在抵達旅館的前一個路口，一位白髮蒼蒼的老婦人，看起來十分疲倦地問我們：「Puente旅館在哪裡呢？我找不到路了。」「喔！跟我們是同一間旅館呢，跟著我們一起走吧。」於是，我們帶著這位叫米雪的老婦人一起走。

　　到了旅館，克莉絲汀第一個上前以西班牙語跟櫃臺確認了住宿，我見米雪已經疲累不已，於是讓她先行Check in。不料，櫃臺見到我們有三個人，面有難色地說只剩下兩個床位。「怎麼會這樣呢？我們都各自預訂了呀！」米雪激動地說，櫃臺用西班牙語向克莉絲汀偷偷說明，原來朝聖之路上的旅館有個潛規則，每天或多或少都有一兩位朝聖者到不了而臨時取消，所以有些旅館會多接一兩位預定，因此造成超接的情況。

因為克莉斯汀已經完成Check in，累壞的米雪也禁不起轉移旅館，櫃臺撥了幾通電話後將我載到其他旅館。看著克莉絲汀忿忿不平的表情，我也只能無奈地向她說明天再陪我補慶祝生日吧。

後來，才從克莉斯汀那裡聽說了米雪的丈夫幾個月前病逝了，她待在屋裡，到處都是兩人共同生活的回憶，每天只能以淚洗面，藉由酒精麻痺自己。於是，她帶著對丈夫的思念走上朝聖之路，一個月後是他們的結婚紀念日，如果能在紀念日走到終點，相信丈夫在天上也會替她感到驕傲。但是，朝聖之路對七十歲的米雪而言，豈是一件容易的事，沉重的背包跟烈日的煎熬，她筋疲力竭再也走不動了，對於自己堅持不下去的挫敗、沒有伴侶的無助感，在路上忍不住放聲大哭起來。有位行人幫她打電話訂了「Puente旅館」並且先將她的行李送了過去，竟然還發生了旅館超接的狀況。

很慶幸當時將床位讓給了米雪，雖然沒能跟克莉絲汀一起過生日有些可惜，但是無意中幫助到了米雪，讓她趕緊上床歇息，是我唯一能為她做的。

被載離開旅館後來到「Estrella Guia」，旅館主人是一對非常熱情的夫婦，他們問我怎麼會選在九月這麼忙碌的時期來走朝聖之路，我說因為我的生日在九月份，想在路上度過。

「喔！這樣呀，是哪一天呢？」

「今天……」

夫婦驚訝地看著一位在生日當天被當皮球踢過來投宿的壽星，連忙拿了一綑幸運絲帶要我選一條當禮物，還說明天早上會為我烤個小蛋糕，上面會插著一根星星蠟燭。見到旅館夫婦對我的生日這麼用心，想著「看吧，賽翁失馬，焉知非福吧！」，滿

心期待著那為我特製的生日小蛋糕。

　　隔天早上因為起的有些晚了，下了樓到用餐區，大部分的朝聖者們都已經吃飽離開，我不在意桌上被狂掃的那些吐司、水果，一心只想尋找我的生日小蛋糕。只見一個空盤上擺著一根孤零的星星蠟燭，蛋糕呢？

　　稍後我跟克莉絲汀約在路口的雜貨店碰面繼續一起走，我跟她說生日蛋糕被某個不知情的朝聖者吃了，她忍不住大笑我這倒楣又好笑的生日。不過，至少我還拿了個星星蠟燭跟幸運絲帶，她看了看幸運絲帶上面的西班牙文，問我知道上面寫了什麼嗎？我當然是不知道呀，她翻譯給我聽：「Don't dream about your life, live in your dream。」（不要夢想你的人生，要活在你的夢想裡）說完我們同時驚呼出聲。

・我選中的幸運絲帶，以及被吃掉的生日蛋糕

05.

如同齒輪般推動彼此前進

Estella   Los Arcos

· 馬鈴薯烘蛋是讓朝聖者吃到不想吃，但是事後會很想念的家常料理

　　和克莉絲汀結伴同行，開拓了我在朝聖之路的眼界。她不只教了我簡單的西班牙文、進入教堂如何點燈許願，還教我收集路上的野果。用手指輕掐黑莓感到柔軟表示已經成熟，放進嘴裡一咬，黑莓酸甜的汁液解救了行走的乾渴；落在地上的杏仁殼收集起來再用石頭敲碎，富含油脂的杏仁堅果補給了消耗的能量，如果我只是一個人走著，即使看見也會略過這些大自然提供給朝聖者的天然零食。

　　在一間小餐館門口停下，克莉絲汀因為天氣炎熱失去食慾，不過我們還是得吃點東西，她點了番茄冷湯，我點了馬鈴薯烘蛋（Tortilla），煎得油亮的烘蛋中夾著馬鈴薯，營養高又好吃，幾乎是西班牙每間餐館必賣的早餐，走完朝聖之路後必定會想念的好味道。

來到一個小攤販，桌上有一塊石頭寫著「Donation」，旁邊擺放著許多解渴的水果、飲料以及補充熱量的糖果餅乾，這些都是讓朝聖者樂捐並可隨意拿取的食物。一位高瘦的年輕人笑笑地招呼並為我們在朝聖護照上蓋了章，這個章看起來像是亞當與夏娃正在偷吃蘋果，底下還有一條惡魔化身的蛇。年輕人不只準備了食物，也在旁邊的樹園下擺放著許多椅子好讓我們能消暑乘涼。

年輕人不會講英語只講西班牙語，克莉絲汀跟他聊了一下之後，轉頭跟我解釋這是片橄欖園，年輕人與其女友打算買下這片橄欖園，一方面採收橄欖來還貸款、一方面以他們的夢想來募資，把這裡整理成可以給朝聖者的露營地，讓大家體驗露天但安全的夜宿經驗。我大讚這個想法實在是很好，但忍不住問：

　　「為什麼要用亞當跟夏娃做為印章呢？我還以為這是蘋果園呢！」

　　「那一男一女就是年輕人跟他女朋友，這圖畫的是他們坐在橄欖樹下乘涼。」

　　「疑？那為什麼有蛇？」

　　「那是蜥蜴，橄欖園有很多蜥蜴。」

往洛薩爾科斯（Los Arcos）路上是無止盡的光禿草原，原本有說有笑的兩人逐漸安靜了下來，腳底泥土冒上來的熱氣讓我忍不住想像這是個超級大的平底鍋，而我跟克莉絲汀是鍋上兩條正煎著的肉塊。眼前一位婦人逆向迎面走了過來，由於先早我們才剛走錯路，克莉絲汀主動詢問了婦人是朝聖者嗎？我們走的方向沒有錯吧？

如同齒輪般推動彼此前進

· 為朝聖者準備的補給站

· 誤以為是伊甸園的印章

・無人的洛薩爾科斯小鎮，只有克莉絲汀的身影

　　婦人笑了笑，她是當地居民並非朝聖者，告訴我們不用擔心，我們走的方向沒錯。聽完正準備道謝離開之際，婦人說要為我們禱告，她張開了雙臂圍繞著我與克莉絲汀，喃喃地說著：「親愛的神啊，請保佑這兩位女孩，讓她們在路上一切平安不會受到任何傷害，讓她們能夠打開感官見證到這世上祢所創造的美……阿們。」這段禱告不只讓我們的心情平靜了下來，趕走炎熱所帶來的煩躁，也得到滿滿的感動。路上，總是有人默默地伸出援手，在迷途的時候指引方向、替我們鼓勵加油。

　　一排車隊按著鈴鐺，大喊著「Hola」示意要我們讓路，一名車手為了回頭多看克莉絲汀幾眼，沒閃過眼前的石子，連車帶人翻了跟斗，還好沒什麼大礙趕緊裝沒事爬起來跟上車隊，逗笑

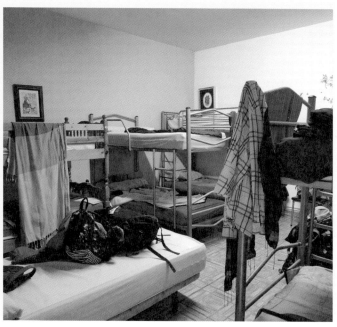

・洛薩爾科斯小鎮的居民把握朝聖商機在房間放了十一張床

了我跟克莉絲汀，緩慢的腳步才又被校正過來，繼續大步向前走。終於我們來到了洛薩爾科斯，奇怪的是鎮上一個人也沒有，路邊還養著家禽，但卻沒有任何人影或是聲音。前一晚我還因為旅館都已被預約額滿，緊張地請克莉絲汀幫我訂房，人呢？像是走入了沉默之丘般的怪異寂靜。

　　走了長長的一段路，彎過轉角，才發現人們都聚集在教堂前的小廣場。僅有一、兩間商店跟旅館的洛薩爾科斯，看得出來居民不多，這幾平方大的小廣場就是精華的「市中心」。而頓時湧進朝聖者將鎮上兩間餐館擠得水洩不通，家裡有些空房間的居民也看準機會經營起民宿，將房間塞滿了上下舖租給了十幾位朝聖者，彼此的距離只有一個背包寬。

終於，我跟克莉絲汀能一起慶祝生日，擠進熱鬧的小酒館「Bar Buen Camino」，麵包是直接店裡烘焙的，能在小酒館裡吃到如此彈牙的法棍麵包，實在是值得稱讚。點了兩份朝聖餐，這是為了朝聖者設計的菜單，通常在十歐到十二歐之間，有沙拉、麵包、主菜、甜點，還會再搭配一杯紅酒，是為了體恤朝聖者一天的辛勞，讓他們能以便宜的價格吃飽喝足。

「讓我請妳喝一杯西班牙的傳統餐後酒慶祝生日，這酒相當烈，可別一口氣喝光喔！」克莉絲汀向服務生講了一串西班牙文後，服務生笑笑地端來一杯深咖啡色的液體「Patxaran」，這是西班牙在餐後習慣喝的餐後消化酒，用來釀製的果子長得很像藍莓但其實是黑刺李漿果（Endrino），口感像濃醇的白蘭地還帶點八角的藥草味。

克莉絲汀以紅酒杯碰敲了我的杯緣：「生日快樂。」她說遇見我的那天是她最低潮的時刻，路上斷續的好風景克服不了日復一日的疲乏，如果沒在溪谷遇到我，她可能就直接回巴塞隆納了。

想到自己也能成為別人走下去的動力，內心有些感動。「嘿！克莉絲汀，如果沒有妳幫我翻譯絲帶上的西班牙文、推薦好吃的道地料理、傳達橄欖園的故事，我也將錯過了許多精彩。」我們兩個人如同齒輪，帶動著對方一起前進。

明天走到洛格羅尼奧（Logrono）之後，克莉絲汀的假期就結束即將返家了，她說：「巴塞隆納也有妳的家，到了記得聯絡我。」淺喝一小口，順著喉嚨滑進胃裡的「Patxaran」，帶著西班牙的熱情，溫暖了胃跟心。

· 十歐元的朝聖餐相當豐盛

後 記

遇見努力的小螞蟻

克莉絲汀

　　朝聖之旅的第二天，我穿越了一條迷人的森林小徑，那裡遍佈著綠意，蝴蝶狂歡。早晨才剛剛開始，遇見了一個穿著黃色外套和紅色背包的女子，用手機在幫蝴蝶攝影，我隨著她一同拍照，也拍下了她的模樣。瞬間，我們交換了一下眼神，她燦爛的笑容和兩隻瞇成一列眼睛，讓我想開始一段對話。但當下我只是想想，並沒有行動，因為我還希望多保留一些私人的空間。

　　當時一位朋友寫訊息問我，是否有認識到朝聖者？，我告訴他，有遇到一位可愛的亞裔女子，但不知道還能不能再遇見她。很快，隔天我在路上發現她正因為疲累停下來休息，給了她一個微笑，就此我們開始同行。

　　我們一起到達寬恕之峰，在那裡可以欣賞到腳底下的城市，並瞥見通往皇后橋鎮的平原。同行的兩天半，卻感覺好像我們緊密相處了兩個月一般，邊走邊聊著彼此的生活、停在偏僻的地方

· 克莉絲汀與身後慢慢走的凱西（圖片提供／克莉絲汀）

吃西班牙烘蛋、以及路上得到的物資，像是杏仁、漿果與野花。

　　我永遠記得那個神奇的時刻，我們一起前往洛薩爾科斯的路上，在那無盡、只有乾燥黃土的道路，沒有任何分散注意力的東西，而那意味著只能看著遙遠的地平線痛苦前進。我們在絕望中大喊：「太無聊了！快發生點什麼事吧！」

　　就在這時，一頭鹿從眼前竄出，跳到道路的另一端。我們倆都屏住呼吸、不敢做出任何動作，沒能來得及反應拿出相機拍下這個瞬間。當牠消失在視線之外，我們才敢大聲歡呼逃過一劫。

　　我覺得很幸運能夠遇見凱西，在朝聖之路上有力氣克服障礙，都是因為我們的相遇，並度過了難以忘懷的時光。我將永遠記得她的毅力與堅持，就像隻堅持不放棄的小螞蟻一樣。

06.

我搶到庇護所啦！

Navarrete ➡ Najera

· 被太陽曬出明顯的襪子痕跡

　　走在朝聖之路上已經有八、九天了，似乎慢慢習慣這樣的生活步調，清晨五、六點鬧鐘開始零零落落地響起，有人翻身繼續睡，有人起來打包行李，用手機微弱的光線檢查有無落下的東西，當背包再度被填飽裝滿一鼓作氣扛上肩，出發了！吃過簡單的早餐後，在未亮的夜色中行走，有時聽著音樂哼歌，有時跟相遇的朝聖者聊天。太陽升起，熱得我們脫下外套，露出曬黑的肌膚，那是朝聖的痕跡啊。

　　每逢春、秋兩段涼爽的季節，是朝聖之路的旺季，剛踏上朝聖之路的我每天都提早預訂隔天的住宿，但是如此一來就沒機會體驗公立庇護所，總覺得自己不是個稱職的朝聖者，就豁出去了吧！這次我沒有訂住宿，趕著去搶庇護所。

・九十位朝聖者一起睡在公立庇護所裡

　　今天的太陽依舊相當盡責，沒有分秒鬆懈，無情地從我體內將水分一點一滴地擠榨出來，即使我的喉嚨乾渴、肚子也發出抗議的聲音，還是不敢停下來吃飯休息。聽說公立庇護所大約在下午兩點就會客滿，我把視線看得到的朝聖者都當作會是搶走最後床位的假想敵，每超越一位朝聖者，露宿街頭的機會就更小一點。

　　走進納赫拉（Najera）小鎮，一座拱形橋墩跨過潺潺小溪，橋的另一端接著樓房、餐酒館，不分朝聖者或居民，三三兩兩地坐在陰涼處大口喝著啤酒。「再撐一下，登記好床位就可以喝了！」

　　庇護所到底在哪裡呢？地圖顯示就在附近，我不停地左顧右盼期待看到顯目的招牌，好心的路人一眼就知道我在尋找什麼，指著庇護所就在轉角盡頭。

「辛苦了，喝口茶之後可以去裡面自行選張床。」戴爾給了我一份床包、遞上清涼的茶水，並且為我在朝聖護照蓋上證明的印章。

隔壁床是一位韓國女孩黛西，她正準備拿些髒衣服去洗，我腦筋一轉，向她提議兩人一起丟洗衣機，投幣的錢便可以平分，也順勢約她一起吃飯。她洗衣，我煮飯，分工合作省時間又省錢，一頓營養均衡的蔬菜湯及義大利麵才花上兩歐元，天還沒暗，我們就曬好衣服準備吃飯了。

 Camino 小知識

「Albergue」是西班牙文的旅館，在朝聖之路上我們稱為庇護所。在起點「聖讓皮耶德波爾」領到的庇護所清單上，分為「公立（Municipal）政府機構經營，簡稱M」、「教會經營（Parroquial），簡稱R」、「私人經營（Private），簡稱P」，公立的通常是幾十人一間的上下鋪價格五至六歐；教會經營的通常是自行捐款，並且有志工服務；私人經營就是常見的民宿或旅館，十至十五歐不等。

「Municipal Albergue Peregrinos Najera」是一間有九十張床位的庇護所，有公用的廚房、投幣洗衣機，也可以手洗衣物曬在戶外的晾衣架，在公立庇護所中環境可說是非常完善，收費是採Donate（捐款）的方式，但絕對不鼓勵朝聖者將Donate視為免費，而是希望大家以自己的經濟能力為公立庇護所盡一份心力，如此一來公立庇護所才能夠永續經營，照顧更多的朝聖者。

一名頭戴草帽的巴西男子，突兀地加入我們的晚餐，他叫迪牙哥，跟我們目的地「聖地牙哥」同名，於是他覺得自己是注定要走上朝聖之路。迪牙哥正實行一個「朝聖之路零元計畫」，揹著一把吉他跟幾件換洗衣物便展開這趟旅行，先是用一首歌換了一塊麵包，沒吃完的麵包跟其他朝聖者換了一些番茄。我們煮了太多的義大利麵，於是以義大利麵跟他換了一顆番茄。

　　越接近傍晚，朝聖者陸陸續續出現在餐桌上，觀察到大家完全不拘泥於國籍或是性別，有空位就坐下來吃飯聊天，我也壯大了膽子開始到處串起門子，一桌聊過一桌，轉眼已經到了就寢時間，戴爾催促著大家該睡了。

　　九十個人共睡一房，夜裡鼾聲起落有如交響樂一般，但是走了一整日的疲倦以及在餐桌上認識了好多朝聖者的喜悅，讓我很快地進入夢鄉。在我闔上眼皮迷糊之間，看見戴爾正在替腳起水泡的朝聖者做治療。謝謝你們，在路上照顧朝聖者的志工們，都是神派來的天使。

· 奶油培根麵旁邊有迪亞哥亂入的番茄

· 戴爾正在幫朝聖者處理腳板的水泡

· 在朝聖之路上獻唱換旅費的迪牙哥

07.

昨天少走的今天要還

Ciruena Santo Domingo de Calzada Belorado

八百公里的路上，總是有幾段路特別難捱，有的人討厭那段沒商店沒廁所的十七公里；有的人是討厭去奧爾尼略斯德爾卡米諾（Hornillos del Camino）的路上，地圖明明顯示快到了卻完全看不見路的盡頭，那是種給人希望後再摧毀的絕望。而我最討厭的那一段，是在前往貝洛拉多（Belorado）的路上。

　　當大部分的朝聖者都前往聖多明各-德-拉卡爾薩達（Santo domingo de calzada）作為當天的終點時，我提早在七公里處的西魯埃尼亞（Ciruena）住了下來，跟嫁到西班牙的大學學姐約在這個小鎮見面吃飯，有種獨自脫離團隊的不自在感。西魯埃尼亞的庇護所「Albergue Victoria」是我目前住過最舒適的一間，乾淨並且房間數少，沒有太多的朝聖者，可以不用急著洗衣服或是等淋浴間，還能愜意地敷面膜聽音樂。

　　前一天少走的路今天還是得還，聖多明各的下一個城市是貝洛拉多，原本只要走二十一公里，卻因為我從西魯埃尼亞出發變成了二十八公里。清晨走在寧靜無人的麥田小道上，看著遠方的麥田像是一塊由粉紅、稻黃跟深綠交織成的彩色拼布，忍不住驚呼出聲。大自然的斑斕讓人捉摸不透、無法預期，每一個瞬間都有不同的樣貌，也可能錯過就不再復見。

　　如果我選擇直接走到聖多明各過夜，那是比西魯埃尼亞大上許多的城鎮，或許會有更多美食選擇、有大型超市可以採買，但我在經過這片麥田的時候就會是下午太陽最烈的時刻，不會有欣賞麥田的心情，也沒有此刻柔軟的天光。所做的每個決定都會有好有壞，但是試著接受各種可能的結果吧？

· 往聖多明各路上美麗的麥田

　　但這樣的好心情在隨著時間的流逝、溫度的升高後，一點一點地消散。不記得還有多少公里數，只感覺怎麼走還是離貝洛拉多好遠，像是一具失了魂的行屍走肉，雙腳下意識地擺動著，即使喝了水，那些水也只是經過我的喉嚨然後就瞬間蒸發掉了，身體接收不到任何濕潤的感覺。「天殺的貝洛拉多到底還要走多久？」內心無力地吶喊著。

　　路上再也沒遇到其他朝聖者，一度懷疑自己迷了路，經過一片又一片的向日葵田，那代表著陽光朝氣的向日葵幾乎全數枯萎，看著它們乾燥焦黑的樣子，彷彿看到了自己繼續走下去也會被曬成人乾。是我出現了幻覺嗎？那株向日葵在對著我微笑……

· 對著我微笑的向日葵

回想在庇護所吃早餐的時候，遇上幾位一樣來自臺灣的阿姨們，她們是五位好朋友一起來，看她們的背包都好小好輕的感覺，問了一下有多重？竟然才五公斤！阿姨們平常就愛好登山露營，所以知道哪些東西需要、哪些不用，而且一起出發的好處就是盥洗用品跟預防用的備藥可以分享，不用個別揹。簡單的幾句閒聊後，阿姨們已經準備要出發了。

阿姨說：「要早點出門喔，晚一個小時出門就會晚兩個小時抵達，因為太陽一出來速度就會減慢，原本一小時可以走四公里會慢慢變成三公里、兩公里……然後就會走到人生絕望。」現在完完全全印證了。

一臺小客車經過我身邊並且搖下車窗，老婦人彷彿聽見了我的祈禱，她關心地問我需不需要水？還說可以載我一程。我的背包裡還有一些水，也不打算搭車，於是我謝絕了老婦人的好意，不光是因為搭上陌生人的車有安全的疑慮，最重要的原因是我堅決要靠徒步走完全程。看著小客車的背影遠離，還噴了我一臉沙，體內若還有多餘的水分就會流下眼淚了吧。凱西啊凱西，妳到底在堅持什麼，坐上車馬上就到了，繼續這樣走下去妳就要曬成向日葵的肥料了。

朝聖之路不只是體力上的磨練，更是精神的考驗，很痛苦的時候就想著：「繼續走就對了，這只是過程，還是會走到的，到了庇護所喝下冰涼的啤酒，又是一尾活龍。」

· 在變成向日葵肥料之前，終於抵達貝洛拉多的庇護所

· Cuatro Cantones算是民營裡還不錯的庇護所，餐點好吃、床鋪旁也有個人的充電座

08.

最浪漫的事

Santo Domingo de Calzada

這段路上我花了很多時間在與朝聖者交流，但有時候真的想自己一個人靜靜地走，盡情地發呆，看到喜歡的風景就好好拍上幾百張照片，不用顧慮有人會停下來等我，跟著耳機裡的音樂搖頭晃腦。昨天在庇護所認識了幾個臺灣朝聖者，他鄉遇故知，非常開心地吃過了一頓晚餐之後，大家言談中似乎有意早上一起出發，內心琢磨著要怎麼拒絕，「我就是想一個人走啊」，但我卻說不出口。

於是故意起晚，庇護所的人都已經出發了。原想著反正有Google Map會指引，但我忘了Google Map指引的路線未必會是朝聖之路。半路，我迷失在沒有黃箭頭指引的分岔路口，哪條才是對的路？我忍不住責怪起自己，活該吧，想要脫離群體享受一個人的自由；不，這哪有錯，都已經獨自來到朝聖之路，何必在乎這些舊有的束縛，腦袋裡開始精神分裂的對話。

「嘿！妳看起來迷路了，跟著我們走吧！」德魯跟特雷絲打破了「活該」的魔咒。年過半百的德魯跟特雷絲從美國來到這裡，只因為特雷絲看了關於朝聖之路的美國電影《The Way》，便決定退休後第一件事就是來走朝聖之路。身材圓潤的德魯搖頭，他哪走得了八百公里，但還是拗不過妻子只好硬著頭皮陪她來。他們的共識就是不用急著跟人搶庇護所，每天都預訂好旅館，走一天休息一天。

聽了他們的徒步方式讓我改觀──其實朝聖之路也不是非得走得如此艱難，對於經濟游刃有餘的退休夫妻，也可以是再一次的蜜月之旅。從庇里牛斯山、寬恕之峰、皇后橋等等，都留下兩人開心的合照：德魯在夜裡發燒，特雷絲一夜沒睡好；特雷絲不

· 因為迷路遇到這對這可愛的美國夫婦

小心買了太多的紀念品，德魯嘟嚷著還是全背在自己的包裡。聽著他們的鬥嘴好不甜蜜，心裡也油然而生一股羨慕。或許是因為單親家庭的原因，我對愛情充滿憧憬但也對天長地久感到存疑，看見德魯與特雷絲突然有種安了心的感覺。

　　經過聖多明各-德-拉卡爾薩達小鎮，特雷絲跟德魯打算在這裡住一晚，而我要繼續前進，在分開之前找了間咖啡館一起下午茶，有間小巧可愛的店吸引住我的目光，店名寫著「Wanderlust restaurant」，這個單字源自於德文，意思是流浪成癮。一位捲髮的年輕人出來招呼我們進屋裡坐，看著牆上貼著兩張朝聖之路的完成證書，德魯問年輕人：「你也走了朝聖之路嗎？」

　　捲髮的年輕人是來自丹麥的吉米，在朝聖之路的路上認識了心愛的女孩，兩個人一起完成了朝聖之路後，吉米決定不回丹麥，跟女孩留在相遇的鎮上開了一間咖啡館，也就是「Wanderlust restaurant」。能夠在旅途中認識心愛的人並且一同完成夢想，實在是太浪漫了！

看著那兩張完成證書，我陷入過往的回憶，原本要一起走的那個人現在在做什麼呢？他知道我自己來了朝聖之路嗎？如果現在我們還在一起，是否像吉米一樣是美好結局？又或者是一路上爭執不斷的鬧劇？還好是自己一個人來了，我是一個有伴就會容易依賴跟附和的人，單獨且單身的狀態能夠完全的主導一切跟不受限制地認識朋友，也增添了更多的可能性。

吉米拿出幾張手工小卡，上面以西班牙文寫著祝福的單詞，每一張都不一樣，德魯抽到了「健康」，特雷絲抽到了「幸福」，而我抽到的是……「Amor」（愛），這難道是一個會遇到愛情的徵兆嗎？特雷絲握著我的手笑著說：「說不定妳走著走著，也會遇到一樣愛旅行的好對象喔！」

能夠在朝聖之路上遇到所愛的人；能與所愛之人一起走上朝聖之路；能在大家的祝福之下抽到「愛」的小卡，是最浪漫的事。

• 抽到了「愛」的小卡，是否代表能在路上遇到愛？

09.

命中注定的相遇

Fromista   Carrion de los Condes

・回顧身後的路，竟拍到賽琳娜美麗的身影

　　去夫羅米斯塔（Fromista）的路上得先翻越一座小山峰
「Alto Mostelares」，寒冷的空氣在太陽探頭之後化成層層的霧
紗，剛才爬上山的辛苦，是為了回首時能看見身後遼闊的風景。

　　無意中拍到賽琳娜登上山頂的瞬間，孤身一人的朝聖者拄著
杖登上山頂，山頂旁有個小十字架，背後還飄著裊裊白霧，這是
國家地理頻道攝影師都渴求拍下的瞬間。

　　賽琳娜漂亮精緻的臉蛋透出讓人難以接近的氣質，我們散落
在山頂的亭子喝水歇息，忍不住想多瞧她兩眼還要盡量讓自己看
起來很自然，找不到時機開口與她分享剛剛拍到的照片，便各自
起身離開。「沒關係，有緣我們會再相遇的。」朝聖之路上總是
有這種神祕的巧合。

我在庇護所的對街準備過馬路的時候，賽琳娜叫住了我：「妳是要去Luz de Fromista庇護所嗎？我的手機沒有電了，找不到路。」「我也是要去Luz de Fromista庇護所，一起走吧！」我就說朝聖之路會有神秘的巧合了吧。

　　隔天一早我們在波夫拉西翁-德-坎波斯（Poblacion de Campos）面臨分岔路的抉擇，照著原路是田野旁的蜿蜒小路；另一條是筆直的柏油公路，直路比彎路少了兩公里，一樣會在目的地卡里翁-德-洛斯-孔德斯（Carrion de los Condes）匯集。朝聖之路上時常會遇到這種需要抉擇的時刻，距離短但無趣的路；距離長但風景較好的路。賽琳娜擔心公立庇護所會額滿，選擇了較短的柏油公路；我則反之，雖然也擔心搶不到床位，但我還是想愉悅地走在田野之間。於是，彼此說聲「Buen Camino」後分別了。

　　才剛轉身與賽琳娜分別，我悠悠地欣賞從麥田中散透的天光附和著鳥鳴，順著黃色箭頭的指引彎過路口，路上有一位男孩正停在那用相機拍著照，我就這樣闖進他的視窗中，他從螢幕上看到我立即放下相機。我也看著他，心想著難得見到的亞洲臉孔，會是臺灣人嗎？兩人相視微笑。

　　馬克還在念研究所，沒有辦法一次走完朝聖之路，六年前他只走到夫羅米斯塔，所以這次打算從這裡走到蓬費拉達（Ponferrada）。重返朝聖之路的第一天，馬克被早晨的天色攔下了腳步，拿起相機準備拍照，迎面走來了一位女孩將是他第一個遇到的朝聖者，他緊張地在心裡練習：「Buen Camino、Buen Camino……」

· 路上時常會遇到黃箭頭的分岔點，朝聖者要做出抉擇

· 賽琳娜戴上我設計的胸針後，與我分別了

當兩人四目交接，幾乎是同時開了口：「Buen Camino！」但我們並沒有擦身而過，而是放慢步調一起走在路上。馬克是菲律賓裔的美國人，曾經來過臺灣旅遊，當時認識了一位好朋友正巧名字也叫凱斯，與我的名字同音（中文名：凱絲／英文名：Casey 凱西），我笑著說：「之後你在臺灣就有兩位好朋友，凱斯跟凱西。」

　　馬克上次是因為失戀、也不知道自己未來要做什麼，於是來走這條路。我問他走完情傷便痊癒了嗎？他笑著說：「當然沒有啊！朝聖之路又不是什麼神丹妙藥，所有疑難雜症走一趟便豁然開朗。」我對於這個答案不甚滿意，繼續追問著馬克：「那難道對你的人生或是看法沒有起變化嗎？」他說朝聖之路並非給他解答，而是讓他從固定的生活圈跳出來，有了新的思考方式。兩個禮拜的時間裡，他獨自一個人走著，體悟到之所以開心不起來是因為一直都太依賴戀人的陪伴與照顧，才會作繭自縛，既然他都能克服旅途上的各種不便與寂寞，回到原本的生活，即使還是會難過但是他知道，「會好起來的，我還是可以好好的一個人生活」。

　　「Santa Maria」是一間由修女們志願為朝聖者服務的庇護所，聽說晚上修女還會帶領大家一同煮飯、唱聖歌。修女看見氣喘吁吁的我們，滿懷歉意地說：「只剩下一個床位了。」這時，馬克對我說道：「凱西妳去住吧，妳不是一直說著很想住到這間 Santa Maria 嗎？我再去找別間就好了。」他一直抱歉著自己拖慢了我的速度。

・走快一步或走慢一步就遇不到命中注定的夥伴　　・每個人的背包都戴上了我設計的胸針

　　查了一下地圖，還有另一間庇護所「Espiritu Santo」就在不遠處，決定跟馬克一起同進退。眼角餘光瞄到有四位朝聖者也因為「Santa Maria」沒了床位要離開，我可不想流落街頭，拉著馬克拔腿跑去搶床位。最後我跟馬克與那四位朝聖者，娜塔莉、凱特、莎拉跟小凱，順利一起住進了「Espiritu Santo」的六人房，誰想得到我與那四位爭床位的假想敵們，後來竟變成了一路上的好夥伴。

　　如果我沒有選擇走田野小路，就不會遇到馬克；如果馬克沒有停下來拍照，他就不會遇到我；如果沒遇到馬克，我就會去住「Santa Maria」，也就不會遇到其他四位朝聖者夥伴。各種巧合串聯起來的相遇，這是命中注定的相遇吧。

後 記
我的第一個朋友

馬克

　　我上一次來朝聖之路時是二十五歲，對於我的人生會走向何處，我感到迷惘又害怕。今天我從夫羅米斯塔再度出發，這是我上次離開朝聖之路的城市。我還有力量嗎？我還有辦法每天走二十多公里嗎？好吧，只好看著辦吧。先向前邁出一步、然後再另一步。

　　到達波夫拉西翁-德-坎波斯的時候，太陽在我身後緩緩升起，整個天空漸漸地由暗紫色轉變成橙色。我不想跟其他朝聖者一樣急著趕路，於是選擇漫步在梅塞塔（Meseta）小鎮上拍照，欣賞曲折的景色。正當我以為不會有人也選擇這條路走的時候，我卻聽到背後有腳步聲緩慢地接近。

　　我還記得朝聖之路打招呼的慣用語是「Buen Camino」，但我已經有六年沒有說過這句話了，感到有一點生疏。接著我聽到腳步聲越來越近，我注意到這腳步聲是來自一位穿著鮮豔黃色夾克的女孩。還有十英呎，「Okay，馬克，準備好了嗎？別害羞，你能做到的！」、五英呎，「好，現在該露出微笑」、一英呎，「Buen Camino，妳好嗎？」......

　　「Buen Camino，你好嗎？」、「你是哪裡人呢？」她帶著燦爛的笑容向我問候，並且問我是哪裡人。

· 在麥田中遇到馬克

　　我雖然跟她一樣有亞洲面孔，但是卻完全不會說她的語言，只好有點尷尬地回答我是美國人。她問我要不要一起走，「當然好啊！」我幾乎是用力地喊出來。內心鬆了一口氣，並且露出大大的微笑，誰會想到這個陌生女孩將影響到我整趟旅程。

　　在我重返朝聖之路的這八天中，她是我認識的第一個朋友。在短短幾個小時之內，我們就跟彼此分享了自己的感情故事、過去做過的挑戰、曾經擁有過的成功以及未來的夢想。和她一起，我吃到了我的第一個西班牙烘蛋，也喝到了第一杯拿鐵（Café con leche）。和她一起，我們在每天八小時的苦行徒步中分享了笑聲、沉默和友愛。

　　也是因為她，我才能在這趟朝聖之旅中，認識了這麼多重要的朋友。在我要離開前的最後一夜，對彼此說著再見，她依依不捨的眼淚讓我心裡感到滿滿的愛，而我必須要把愛帶回家，讓我在面對未來艱難的時刻有力量。她是我在朝聖之路上的第一個朋友。她的名字叫凱西。

10.

練習想成為的那個自己

Hornillos del Camino   Castrojeriz

說也奇怪，很慢熟又不擅與陌生人交際的我，卻從第一眼就有股感覺，我們這六個人說不定會成為好朋友。猶豫著是否要主動邀約大家一起吃飯時，我回想起路上遇見威爾時，他講了一個朝聖者小故事：「一個來自巴西的朝聖者，在他的家鄉是個從不掉淚、說心事的硬漢，卻會在朝聖之路上向陌生人說到傷心處而哭出來。」我也是個慢熟、不喜歡與陌生人講太多的人，但是我想變成喜歡分享、傾聽故事的人，於是我鼓起勇氣在房間的中央大聲問：「晚上大家一起吃飯，好嗎？」

　　說起那位讓我鼓起勇氣的威爾，就要回到卡斯楚赫里斯（Castrojeriz）的路上。一臺修繕道路的施工車擋住了大半的田邊小徑，我扶著路障牌小心翼翼地繞過，就怕揹著十二公斤大背包重心不穩摔進旁邊的溝裡，「嘿！過去之後還有路嗎？」一名男子的聲音從身後傳來。「有的，繞過來就行了。」我回答。

　　我擔心男子會掉進溝裡所以等了他一下，試圖想先幫他接過背包。男子額頭上冒著汗珠、費了一番功夫才閃過路面上的龐大障礙物，說到：「妳好，我是從英國來的威爾，我看到妳背包上的國旗，那是臺灣吧！」我點頭笑了笑。

　　威爾繼續說著：「我不是不讓妳幫忙，只是我的背包有十二公斤怕妳接不了。」我攤手做出無可奈何的表情：「我的背包也十二公斤，所有的朋友都說『太重了、太重了，以妳的體重只能背五公斤啊』，但是我已經在路上了能怎麼辦？」

威爾大笑：「真的！揹是我們在揹，當然知道太重啊！還用你們說，但難道要把東西都丟了嗎？」我們倆像是找到同伴般附和彼此，因為打包失敗同樣懊悔不已建立起的友誼。

　　幸運的是剛費勁繞過這路障，就有間咖啡館在旁邊，我們坐下喝杯咖啡休息，分享著彼此前一天準備好的點心，他給了我一顆水煮蛋；我給了他兩片巧克力餅，喝咖啡聊著彼此的背景。威爾是遊樂園道具的租借廠商，每逢復活節、聖誕節、各大嘉年華活動，威爾就忙著租借各種臨時的道具，充氣游泳池、投籃機、布偶裝等……，生意還不錯，但是他的手機訊息從不間斷，工作與生活失去了界線，突然懷疑起自己真的喜歡這份事業嗎？日子要再這樣過下去嗎？身邊朋友給了威爾許多的建議，就連失業的人也跑來出了一堆餿主意。威爾決定賣掉事業，關掉手機，遠離家鄉，太多的雜音讓他聽不清自己的聲音。

　　我也簡單地介紹自己在臺灣原本是工業設計師，去了澳洲打工度假後成為咖啡師，為分享自己當初沒錢沒語言能力便出走的傻膽，還出了兩本書，但是面臨即將回到臺灣，我也不知道自己要專攻哪一方面，又或者如何將一身武藝整合創業。

　　威爾大呼：「天啊！妳會做的事情好多，說不定哪一天我會在網路上看到妳的名字，妳可以幫我簽個名嗎？」他拿出一本寫著凌亂日記跟記帳的簿子，我怯怯地寫了我的名字上去，未來有一天他翻開這本簿子，還會記得這三個中文字代表什麼嗎？

　　我們繼續往卡斯楚赫里斯走去，威爾不斷地分享這一路上他遇到的故事，還有別人的故事，原來遇到一個話多的朝聖者，抵得上遇到十個朝聖者。

・聖安東修道院

 Camino 小知識

　　這個路段會經過一片雖然荒廢但精神永存的建築「聖安東修道院」（Monastery of San Anton），隨著時間的流逝已成廢墟，我們還是可以從立牌中讀到聖安東修道院在十四世紀被創立，致力於照顧朝聖者、窮人以及生病的人們直到十八世紀末。

• 位於卡斯楚赫里斯半山腰的城堡遺跡「Castillo de Castrojeriz」，值得一訪

　　「我前一天遇到了一位揹著很重行李的老太太，大概八十幾歲了吧，我心想如果不幫忙她的話，以老太太的速度走到庇護所恐怕也天黑沒有床位，於是幫老太太揹上行李，加上自己的背包，簡直要重死我了。一路走到了庇護所，竟然只剩下一個床位!!!

　　沒得選當然得讓老太太住啊，就在我轉身離開的時候，老太太給了我一個大擁抱，這樣就夠了。附近幾間庇護所都滿了，我也實在是累得走不動了，看到一間教堂，前方有塊小草皮，索性鋪上睡袋就捲縮在裡面睡一晚，妳以為故事結束了嗎？到了半夜兩點，草皮裡的自動灑水器打開了，半夢中的我被噴了一身水，邊跳邊叫，抓著背包逃離那個教堂。」聽著威爾幫助他人反而災難連連的故事比電影還精彩，相信路上，不，即使他回到家鄉也可以講上一輩子。

我們天南地北聊了好多，很意外在有限的英文詞彙裡可以跟威爾聊一整路。就在不同的庇護所道別的時候，威爾說：「凱西妳的英文很好了，要對自己有信心，希望將來能聽到妳創業成功的消息。」威爾給了我很大的鼓舞，但我其實也知道，不是我英文變好了，而是遇到能耐心傾聽的人。

後來我再也沒有遇到威爾，試著在臉書上與他聯繫也沒有回應，再次聽到他的消息是後來遇到了另一位朝聖者——保羅，他說他與威爾同樣正值失業、離婚，加上威爾的個性嚴肅、保守，跟孩子的關係也非常疏離，種種的情況與他很像，於是兩人一見如故成為好友。

「等等……我們說的是同一個人嗎？我認識的威爾溫柔、開朗還很愛聊天！」我還拿出與威爾在聖安東修道院的合照讓保羅確認，保羅回覆：「就是這傢伙沒錯呀！」

保羅提出了一個很有趣的理論，我們在朝聖之路上相識彼此時，表現出來的個性並非平時家鄉的自己，而是你想成為的那個自己。嚴肅保守的威爾在朝聖之路上是個溫柔開朗的的人，而我們喜歡的是後者的威爾，因而成為朋友、兄弟，也許我們離開朝聖之路後回到日常生活還是原本的那個自己，但是我們保持聯絡，每當看到當初認識的朝聖之友就會提醒自己，「我曾經在朝聖之路上是那樣的人啊」。

或許，朝聖者都在路上練習想「成為的那個自己」。

11.

組隊又拆隊

Terradillos de los Templarios

El Burgo Ranero

• 利用當地食材煮出中式炒飯，與朝聖者們一同分享

　　薩阿貢（Sahagun）是朝聖之路的中點站，有時間的朝聖者可以去Santuario de la Virgen Peregrina領中途證書，不過我們一行人志在最後的完成證書，沒有人想繞路去領中途證書。經過兩座雕像「Sahagun Centro Geográfico del Camino」，這裡是法國之路的地理中心，意味著已經走過一半。我們跟其他幾位在場的朝聖者開始興奮地擺弄姿勢、跳躍，留下紀念的合照。此刻內心的情緒有些複雜，一方面高興越來越接近終點了，走過的路多過於還沒走的路；但也感到落寞，離結束的日子開始倒數。

　　埃爾武爾戈拉內羅（El Burgo Ranero）是個小鎮，有三間庇護所（公立+私立）、一間雜貨店，西班牙的雜貨店跟臺灣最大的不同點就是有午休時間，通常是一點半到四點半，這個時間點在小鎮上是看不到人煙的。雜貨店老闆娘睡個午覺回來發現許多人在門口徘徊，餓了半天的朝聖者趴著窗戶窺究裡頭賣些什麼，老闆娘趕忙把鐵門打開，否則門都要給望穿了。

快手拿完今天晚餐的材料後，小凱跟我買了冰棒坐在店外等大家買齊所需的東西，手裡兜著晚餐食材，我們翹著腳吃著冒汗的冰棒，好奇著其他夥伴買了什麼好吃的當隔天早餐，這種單純悠哉的時光在長大之後好像不曾有過了。

我們煮的晚餐是中式炒飯，其他朝聖者們也紛紛好奇地來挖口飯試吃，賽爾吉是義大利的廚師，炸了一大盆薯條，還有幾顆半熟的荷包蛋，他說：「薯條要沾著蛋液才好吃。」卡洛斯是西班牙的警察，他端著一大盤的生火腿跟麵包片到我們面前說：「來到西班牙當然要吃生火腿配麵包才道地啊！」賽爾吉跟卡洛斯之間冒著較勁的火花。

朝聖者餐桌是路上最有趣的時刻，雖然才第一次坐下來吃飯聊天，但是每天都擦身而過，對於彼此的面容都不陌生。像這樣你吃我一口炒飯、我吃你一根薯條，鬧鬧哄哄彷彿是已經認識了好久的朋友。

「你們明天要走到哪裡？」凱特又再度挑起話題。現在處於一個很尷尬的距離點，距離朝聖之路上最大的城市——萊昂（Leon）有四十公里，一般人會分成兩天，在曼西利亞（Mansilla）這個小鎮停留一晚再繼續走；但這四十公里地形平緩沒有山路，辛苦點一天抵達也是可能的，若不在曼西利亞多做停留的話，就能在萊昂多玩一天。

莎拉、凱特目前處於體能巔峰期，每每清晨出發沒多久就把我們甩得老遠，不見她們的身影，直到半路遇上有咖啡館可以休息的時候，她們會為了等我們多喝一杯咖啡。我跟小凱在煮飯的

· 要在一天之內抵達萊昂的人，天還沒亮就要摸黑出門了

時候，凱特一邊幫忙一邊提議著一口氣走到萊昂，這樣我們可以多留一天好好地休息，但是我跟小凱停留在西班牙的假期還挺充裕，不是很想這樣累壞自己。

我見凱特又在遊說拿不定主意的馬克一起衝萊昂，調皮地問所有人明天下一站要去哪裡？「Leon or Mansilla？」果然有人要去萊昂、有人要去曼西利亞。「Mansilla！ Mansilla！ Mansilla ！」我大喊。凱特也不甘示弱地喊著：「Leon！ Leon！ Leon！」餐桌上分化成兩隊拉鋸爭執不下。

要衝萊昂的人必須比平常還早出門，六點天還沒亮，凱特與莎拉已經出門了，馬克、小凱跟我三人，則吃過早餐慢慢地往曼西利亞走去。

12.

令人可恨的生物

Mansilla   Leon

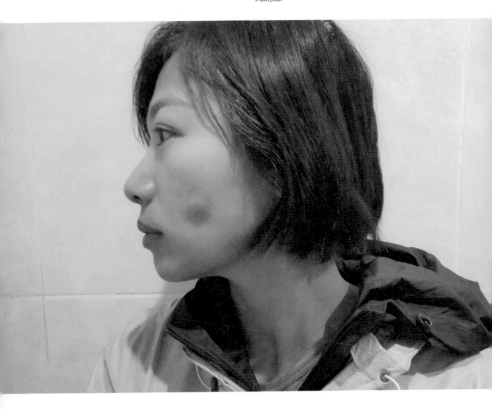

· 終於來到大城市萊昂

　　在臺灣生活的人可能不清楚「床蟲」究竟是怎麼樣的可怕生物。傳說是在歐洲的山林野外，人們席地而坐，如果沒有拍拍身上的灰塵、蟲子，這蟲子依附在旅人身上進到旅館、庇護所，就成為令人聞風喪膽的「床蟲」，牠長得像跳蚤但是頑強過幾百倍，不容易用藥殺滅只怕高溫，喜歡躲在床底下等待倒楣鬼入住，依附在宿主身上吸牠的血、睡他的睡袋，讓人「癢」不欲生。

　　我在澳洲打工度假的時候曾經遇過，房東買了二手家具將床蟲帶進家之後，夜裡熟睡之際咬開房客的皮膚暢飲血液，早上起床發現被叮了許多小包，腫癢難耐，所有衣物都要高溫烘洗、曝曬在陽光下好幾天，有過這次經驗我再也不想重來一次。

　　在曼西利亞的夜裡，半夢半醒間我隱約感覺到皮膚像是被蟲叮咬的些許刺痛。

「妳的臉怎麼了？」小凱指著我左邊臉頰一個隆起像十元硬幣大小腫包。「可能是蚊子吧？你們昨天都沒有被咬嗎？」我問道，小凱跟馬克搖搖頭，他們倆昨天一個睡我上鋪、一個睡我對面，難道我真這麼倒楣蚊子只挑我一個？路上我們在一間咖啡館停下來休息，我到了廁所照看鏡子，不只左臉頰，手臂以及腰上都出現了被連續叮咬的痕跡，越來越癢、越抓越腫，有些甚至有小水泡。

恐懼鋪天蓋地而來。「等我們到了萊昂，你可以陪我去藥局嗎？」我悄悄聲地問馬克，擔心藥劑師的英語或西班牙語我沒辦法完全理解，深怕聽漏了關鍵字造成我一知半解，另一方面我也擔心在不確定是床蟲還是蚊子的狀況下造成大家的恐慌，畢竟床蟲是會跟著被叮咬的人附著在衣物上。

今晚，我們抵達了大城市萊昂打算好好慶祝一番，特地租了Airbnb享受只有幾個好朋友的夜晚，若是真的染上了床蟲我還能留下嗎？壓抑著心中不安以及皮膚的癢痛，我不自覺地越走越快，速度比平常快上許多。

「凱西今天怎麼了？像開外掛似的走得飛快……」馬克上氣不接下氣地問，小凱也一頭霧水搖搖頭，兩人在我身後狂追猛趕。

有別於之前我們待過的小鎮，是安靜純樸的鄉下，朝聖者可能比當地人還多，不管你揹著多大的背包、看起來有多麼狼狽疲倦，在那個時空背景一點都不奇怪。但進到萊昂迎接我們的是繁華的商店街，櫥窗擺滿了可口的麵包、甜點，琳瑯滿目知名品牌的商店以及餐廳。

・覺得自己一身塵土的樣貌，與大城市十分不協調

　　服務生正端出一盤冒著蒸氣的烤雞、披薩，我嚥了嚥因為大腦受到刺激所產生的唾液，吃膩了自己每天煮的肉醬加麵條，現在就是給我吃麥當勞也有如天上佳餚，沙漠裡的綠洲。發現到服務生打量我們揹著跟自己體型一半大的背包、沾滿泥土的鞋子，還有那盯著烤雞的炙熱眼神，有點不好意思。

　　訂好的Airbnb就在知名的萊昂主教座堂旁邊的巷子裡，要先經過東彎西拐不是很好找的路，再用帶著鐵鏽的小鑰匙跟門鎖搏鬥，需要某種角度才打得開。爬上四層樓梯後終於來到我們今天的家，那是一間兩房的小公寓，兩個房間各睡兩個人、客廳的沙發再睡兩個人，相較平日一間房就睡數十人的庇護所，這裡簡直是天堂。

但是我可沒有來到天堂的喜悅，除了身上穿的那套衣服以外，背包裡的東西全都倒進洗衣機，加了一堆尤加利精油，希望滾筒洗衣機的高速轉動加上驅蟲的精油，能讓我從床蟲的夢魘中解脫。

一群人陪我到了診所，捲起衣袖讓藥劑師查看我的狀況，她看著連續一排被咬的痕跡判斷是床蟲造成的，而且如果連續兩天出現便很有可能被依附在衣物、睡袋中。我的心情宛如被藥劑師確診出重大疾病般沉重，身體的不適可以靠擦藥消炎或者吃藥抑制癢感，但是我必須將所有的衣物徹底洗過、烘過，若有一絲鬆懈，床蟲可能會跟我直到終點聖地牙哥，最慘的是還禍及我的旅伴。

就當我無奈指著藥膏打算要買的時候，凱特按下我的手說：「不用買，我有一條擦剩的。」原來凱特在還沒遇到我們之前也有遇上床蟲，一雙美腿被叮成了紅豆冰，幸運的是同房有兩位義大利來的實習醫生，給她這條消炎止癢的藥膏，現在她也將這條藥膏傳承給我，並且拍拍我的肩：「沒事的，大家都會遇到。」

起水泡或是床蟲咬是每個朝聖者的必經考驗，遇到就相對應的處理，不要影響到旅程的心情。

萊昂的天空拉起了黑色的布幕，開啟了朝聖者派對的序幕，雖然大部份的人都非常享受朝聖之路的生活，但每天早睡早起、長程徒步宛如軍旅生活，難得能像個遊客般大啖當地美食、喝酒跳舞，狂歡的熱度如火如荼地延燒在大大小小的酒吧。「凱西妳要來嗎？大家都在這裡。」電話那頭小凱的聲音還伴隨著重節拍的電子音樂。

「我還在自助洗衣店烘衣服呢，看情況吧。」洗衣店裡只有我一個人孤零零的身影，跟烘衣機傳出轟轟的聲響。

・眾人在萊昂狂歡的夜晚，只有我留在洗衣店

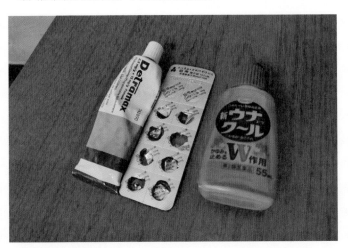

・隨身攜帶可止癢的藥物

13.

給自己放一天假

Leon

今天給自己放個小假，拿起旅遊簡介打算逛一逛萊昂，找間自助餐狠狠地吃到飽、再來份炸得金黃酥脆的吉拿棒（Churros），更重要的是，給我來杯好咖啡吧。

　　我是一位咖啡師，在旅行中我無法挑剔咖啡的品質，只是習慣用咖啡因來喚起精神，但這一路上還真沒喝到「過得去」的咖啡，抱著些許的期待來到學姐介紹的咖啡館，她大學畢業後在萊昂待過幾個月的西文語言學校。

　　「Culture Coffee」占地不大，內用才三四張桌子，牆面並沒有刻意粉刷上色，直接赤裸地露出一塊塊的磚頭，掛著一幅各款濃縮咖啡喝法的圖解，簡單但是有重點的裝潢就能看得出老闆只想要專注做好咖啡。我先點了一杯拿鐵，喝了一口，牛奶的滑順配上略帶果酸的濃縮咖啡，滑下喉嚨嘴裡還留著焦糖的餘味，「BRAVO!!!」努力壓抑內心想大聲喝采的衝動。

　　老闆蓄著一臉鬍鬚，看似有點難以親近，但我還是忍不住跑去加點一杯，並向老闆表示這杯咖啡實在是太好喝了。嚴肅的老闆露出一絲微笑，大方秀出目前配合的豆商品牌「La Picona」，這農場位於尼加拉瓜和洪都拉斯之間自然邊界，生產出相當優良咖啡豆，他自己也相當喜歡這批豆子微酸帶甜的口感。 離開前我又外帶了第三杯，明天開始我就嚐不到這麼好喝的咖啡。

中午到「Santa Maria de Carbajal」準備辦理入住，那是一間教會經營的庇護所，排隊的人不是太多，但是櫃臺的修女奶奶不知道在講什麼，每一位朝聖者都花了十來分鐘解釋庇護所裡的規定，直到排到我的時候，奶奶仍不厭其煩地又講了一次所有的規定：

「妳從哪裡來？」

「男生跟女生的床位在不同棟。」

「晚上不要太晚回來喔！」

「喔！妳從臺灣來，我妹妹前陣子也去了臺灣，我也好想去
　旅遊。但是離開這裡沒人準備早餐給朝聖者吃呀……」

現在我知道為什麼需要排隊排這麼久了。奶奶捨不得休假的理由竟然是擔心庇護所人手不夠、朝聖者沒能被好好照顧，她並非把我們當做匆匆的過客，每一位朝聖者通常只會見到一次面，對她而言是重要的一期一會。

綁著金髮馬尾，有著一對圓滾大眼的女孩阿妮塔在我旁邊放下背包，開口搭話：「剛剛老奶奶跟妳聊了什麼？」我跟阿妮塔幾乎是異口同聲重複老奶奶的問題：「妳從哪裡來？」「男生跟女生的床位在不同棟。」「晚上不要太晚回來喔！」然後，兩個人一起笑了出來。

我們相約傍晚一起去附近的酒吧吃晚餐，算是小小地彌補前一天因為床蟲無法參加的朝聖者派對。在庇護所門口等待大家的出現，小凱、娜塔莉來了，隨後阿妮塔跟一位我們沒見過的男子也到了，安德魯也是朝聖者，下午在路上閒晃時跟阿妮塔相識。

許多酒吧只要點一杯飲料就會送Tapas，薄薄的麵包片上鋪著鹹食，這是西班牙非常普遍的下酒菜，Tapas上的鹹食種類非常多樣，生火腿、臘腸、烘蛋……等等，視店家的創意而定。

· 西班牙很常見生火腿

· 萊昂的酒吧點一杯酒就會附一片Tapas

• Santa Maria de Carbajal庇護所把每個朝聖者當孩子照顧的志工奶奶

烘蛋就不用多做解釋了,這一路上幾乎是每天在每間餐館都會出現的料理;生火腿是西班牙必備小菜之一,由於生火腿的種類繁多,我只認得伊比利亞黑蹄豬的生火腿(Jamón Ibérico),遍布著誘人的細白色油花,搭配麵包片剛剛好;還有一道非常好吃的下酒菜「辣味美乃滋馬鈴薯」(Patata Brava), 把切成方塊的馬鈴薯油炸後淋上辣味的美乃滋,因為做法很簡單又適合搭配啤酒,是很道地的西班牙家常料理。

我們喝著紅酒搭配著下酒菜,又是一輪的「Why Camino?」(為什麼來朝聖之路?),阿妮塔跟安德魯都是大學剛畢業以朝聖之路作為「Gap Year」的一年,這個選擇真是再適合不過。路上她們將會遇到形形色色、不同國家、各種職業的朝聖者們,比在家鄉工作接觸到的人更多更廣,對於未來選職會有更多不同的想法,真羨慕他們年紀輕輕就有這種經歷。

「啊！九點五十分了，奶奶會生氣！」安德魯瞄了一眼手錶大叫了起來，一群人急忙站了起來往庇護所的方向跑，在朝聖之路上唯一的放假夜晚進入倒數十分鐘，跑過了一個轉彎，庇護所就在眼前，奶奶果然在門口等著夜歸的朝聖者們。

　　「早睡才有體力喔！」

　　「是的，奶奶！」阿妮塔氣喘吁吁，還將手放在眉際向奶奶行了個禮。

　　「噓……如果還不睡覺講話要小聲點。」

　　「好～」阿妮塔調皮地吐了吐舌頭。

　　我們趁著門口燈還沒有熄之前拍了合照，安德魯在回房前跟我說：「凱西，妳可以傳照片給我嗎？我想讓家人看看我在這裡很好。」

　　安德魯這番話倒是提醒了我，大部份的人聽到「朝聖之路」腦海浮現的印象就是餐風露宿如苦行僧般的生活，但現今朝聖之路特別是法國之路已經有了相當完善的規劃，即使是走經較偏僻的鄉間小鎮都還是能找到咖啡館、庇護所。阿妮塔的母親相當擔心她一個女孩每天走二、三十公里會有脫水、營養不良的情形，每天傳簡訊提醒她多喝水、記得準備好糧食，於是她寄給媽媽一張在泳池旁泡水喝啤酒的照片。

　　旅途剛開始的前一兩周，路上遇到的朝聖者不多、也沒有朋友一起吃飯同樂，媽媽看到我發布在臉書上的照片都是一些獨自在荒野自拍跟腳被曬很黑的照片，免不了有些擔憂。其實路上會經歷很多不同的心境跟時光，有時是一個人在忍受煎熬；有時是一群人在分享喜悅。

　　記得發張照片給家人，讓他們知道我們在路上，我很好。

14.

二十公斤重的背包

Leon　　　　　　　　　　　　　　　San Martin del camino

保羅拆下裹住腳板的紗布，露出滿佈的水泡傷痕，這是我看過最慘不忍睹的朝聖者腳底板。

造成水泡的原因有幾個：長時間的行走、不合腳的鞋子摩擦、不排汗的襪子造成潮濕，還有過重的背包，我看保羅一身都是不錯的裝備，除了那個過大的背包。「你背了多少公斤啊？」我問，保羅回答我：「二十公斤左右吧，這裡面是我所有的家當。」

什麼意思？所有的家當？我們不都是出來旅行幾個月嗎？難道你沒有固定的居住地嗎？保羅看著我驚訝又困惑的表情笑了笑。

保羅年輕的時候，香水進口的事業如日中天，他當時一心只想賺更多的錢，回家的時間少了，也忽略陪伴女兒成長的時光。隨著同業模仿、惡性競爭，保羅旺盛的氣焰被潑了一大桶冷水，金流瞬間凍結。等到他回家，發現親情也需要經營的時候，已經太晚了，妻子打算離婚，長大後的女兒對於父親也沒什麼感情，只是個住在一起的陌生人。

由於保羅的努力不懈，公司東山再起，但反觀被視為理所當然的親情，卻比事業更難回復。離婚了，女兒也沒打算與保羅同住，即使他給孩子再多的禮物、生活上的援助，也只有一封語帶平淡的道謝簡訊。沒有家人的家只是個空殼，他賣了房子、丟了家具，帶上朝聖之路需要的用品、還有一些他想保留的物品，包括一本相簿，差不多有二十公斤。

保羅喜歡在朝聖之路上慢慢走，跟每個相遇的旅人聊天，特別是二、三十歲的年輕人，在他的心裡或許覺得這個年紀跟他的孩子相近，可以了解年輕人的想法以及彌補孩子不在身邊的落

寬。他遇上黛西，一位來自澳洲的韓國女孩，我也認識黛西，不久前還在同一間庇護所吃過飯。去年我們都住在墨爾本，她家離我工作的咖啡館才兩個路口，也許她還曾經來買過我的咖啡呢。

黛西跟保羅說，小時候曾經住在印尼，因為父親在那裡有間工廠，但是整個學生階段都是自己獨自在澳洲生活，結束朝聖之路後想要回韓國找工作。

保羅不假思索地說：「那回印尼繼承父親的事業呀！多好。」黛西淡淡地回應：「我不想繼承父親的事業，也已經很久沒跟父親講過話了。」聽到跟父親相關的話題，黛西失去了聊天的興致，虛應保羅幾句後便打算離開重疊的軌線。「你或許是個好人，但我父親不是……Buen Camino。」黛西快步離開。

看著黛西漸行漸遠的背影，掀起了保羅心底的遺憾，來不及也說不出口。父親都是為了孩子好，也許方式用得不對？「我女兒也未必覺得我是好人……」保羅描述著他跟黛西的對話，紅了眼眶，凱特跳出來安慰他：「你女兒總有一天會原諒你的，但你要試著了解她真正想要的，而不是強塞你認為她需要的。」

凱特給保羅的建議很好，但保羅真的會有獲得原諒的一天嗎？我在一旁沉默不語，生怕說了自己的想法會讓保羅更傷心。如果說父親是女兒生命中第一個愛他的男人，正因為父親的角色如此重要，當女兒被父親辜負了，那種失望是無以復加的。

我可以體會黛西、保羅女兒對父親的那種失望，印象中父親沒有記得過我的生日，二十歲那年他突然打電話說要帶我去慶祝（當時父母已分居），在滿心期待下，父親送的生日禮物是一顆漂亮的印章。為什麼是印章呢？原來是父親因為生意失敗、信用

・將喜歡的照片洗出來，做成明信片寄給家人

破產，需要一個人頭帳戶用來向銀行借款周轉，而這個人要年滿二十歲，還要一顆印章。這絕對不是我想要的生日禮物。

一個人靜靜地在路上走著，想起保羅的話竟然紅了眼眶，不知道在朝聖之路與他相遇，是偶然還是上天的安排，或許祂想讓我聽見一位父親想要彌補卻碰觸不到孩子內心的無助？

等等給父親寄張明信片吧！他不知道我在走朝聖之路，也不知道什麼是朝聖之路。或許先從簡短的問候開始，能夠慢慢拉近彼此的距離。

後 記

十年後的女兒

凱特

　　我也有一位控制慾極重的父親，而我亦是一位渴望自由的女兒，數年前已經沒有跟父親一起相住，離開了這個不能溝通的家。

　　聽到保羅變賣了所有家當，包括公司和美國的農地和房屋，現在的他只擁有一個二十公斤的背包，已是他的全部。他計劃完成朝聖之路後，揹著同一個背包到世界各處遊歷，或許不需要一個固定的家。我感覺到，我現在眼前的他，變得不再是幾年前的那位不善溝通的父親了。

· 到了庇護所，給父親打個電話吧

　　這讓我回想起跟父親有一段很長的時間沒有聯絡，哥哥因為工作離開香港，只留下了父親一人在家。近年來父親也變了，雖然還是嘮叨，但少了干涉我們的生活。我跟保羅說，未來也許不能回到以前那樣的親近，但你們也會找到一個大家舒服的狀態，你會改變，女兒也會成長。

　　西班牙的朝聖之路，讓我遇上像十年前的父親一樣的保羅，也讓保羅遇上像他未來女兒一樣的我來安慰他。

　　在認識保羅的那個晚上，我留了個言給父親，說想跟他通個電話。

15.
把傷心留在鐵十字山

Astorga   Foncebadon   Cruz de Ferro

• 在Domus Dei庇護所打地鋪過夜

　　豐瑟巴東（Foncebadon）的Domus Dei庇護所是由教堂經營，以捐獻的方式代替住宿費。從官方給的資料來看只有十八個床位，競爭十分激烈。為了在庇護所搶到「一席之地」，我盡可能地加快自己走路的速度，烈陽下不敢有片刻的休息，不斷挑戰身體極限的臨界點。

　　衝到Domus Dei才剛過中午，已經刷新我抵達庇護所最早的時間紀錄，一位不黯英語的老人坐在門口前的書桌比手畫腳示意，「沒有床了，要睡地板的話就登記一下」。走進去環顧一下四周，有「床鋪」的房間約略四五坪大，擠了九張上下舖的木板床共睡十八個人，連放背包都覺得勉強，看起來打地鋪也不會比睡床鋪還差。房間另一頭是禮拜堂，地上放著一片片橡膠軟墊，每張軟墊中間隔了一個背包寬，老人跟過來看我能否接受這樣的住宿環境，我向他點了個頭示意。

　　只要不是睡路邊或是半夜會灑水的草皮都好，在教堂打地鋪也是個有趣的經驗。

簡單吃過一些乾糧、洗澡、洗衣服，在曬衣場遇見美咲，在日文裡是個很美的名字——美麗綻放的花朵。好幾天前我跟美咲在路上時不時會相遇，美咲走得很慢所以會很早出門，通常我趕上她之後，會簡單的以日文閒聊幾句、聊我們喜歡的歌手或者想念的日本食物，然後笑著說「明天見囉」，繼續按照我的速度前進。

　　這裡走到「鐵十字山」（Cruz de Ferro）只需要十五分鐘，美咲約我去那裡散步看看夕陽。反正離晚餐時間還早，一起去散散步吧。

　　美咲告訴我朝聖者都會帶著一塊來自家鄉的石頭放在鐵十字山，就可以放下過往背負的重擔，這座石頭山成千上萬的石頭竟然都是朝聖者們遠從千里之外帶來的呀！暗罵自己事前功課沒有做好，竟然現在才知道，從背包東翻西找希望能翻出一顆從臺灣帶來的沙子，但只找到一枚臺灣的硬幣，銅板原料也是從礦石而來，勉強算是石頭吧？

　　石頭山上還放著不少非石頭類的信物，有絲帶、國旗、也有一些過世親人的照片，這些東西每過一陣子就會有專人來清理掉，為的是維持鐵十字山的整潔。留下這些信物的朝聖者們或許有些想傳達的話語，撿起一本西班牙詩集，封面有凌亂的字跡用英文寫著：「朝聖之路為我們二十一歲便離開人世的兒子傑米帶來了喜悅，將他寫下的詩集日記留在這裡，如果你看到，希望能記得傑米。」

　　美咲掏出口袋裡的小石頭，這是一塊小巧翠綠的玉珮，像是從戴了很久的手環上剪下來的。她虔誠地擺放在這石堆上，若有所思地看著。我問道：「這塊玉是妳從日本帶來的嗎？」美咲緩緩開口：「嗯，以前戀人送給我的，就留在這裡吧……」

· 每個鐵十字山上的石頭，都是朝聖者從家鄉帶來的一個故事

・當心遍體鱗傷，以為自己再也沒辦法過得幸福，但看到世界之大的那一瞬間，心又開始跳動了起來

　　美咲幾年前在日本的外語補習班工作時，認識了一位法國老師，陷入熱戀後不顧家人反對為愛搬了出去，半年後她發現自己懷孕了，男友不知道該怎麼面對，匆匆訂了機票回去法國。美咲自己去了醫院，然後假裝什麼事都沒發生，在外地工作流連了好幾年，那幾年她只是努力讓自己過著日子，怎麼樣都快樂不起來。

　　美咲想回家了，回家之前她想來走走朝聖之路。當她一個人越過山嶺看見天地間的遼闊、張開手感受風撫過皮膚的涼爽，想起了

過去，那幾年揮不去的痛，流著淚入睡的夜晚；現在的她勇敢地獨自站在山頂，激動地流下了眼淚。

　　我靜靜地聽著美咲輕描淡寫的回憶，但每一句都深深地扎進了心裡。起風了，夕陽將我們的影子拉的好長，不需要言語作為多餘的安慰，我只給美咲一個擁抱傳達對她的心疼。

　　過去的你辛苦了，現在的你很棒很勇敢，把那些傷痛放下吧。

16.

再遠，也要跟你說再見

Foncebadon → Ponferrada

每個人在朝聖之路上都可以按照自己的步調，走快或走慢；結伴走或自己一個人走，也許你是一個人來在路上遇到同伴，有了同伴之後也有可能脫離群體回到一個人，這條路就是順從自己的心去走。

　　當小凱說著群體行動太久了，剩下路程他想自己走，我也相當認同。雖然一群人的陪伴很好，但還是很需要有一個人的時間，能安靜思考並且細細感受這條路。我們決定送完馬克就各自脫離團隊。

　　我們在路上一起煮飯、洗衣，分享生活，像是家人般的緊密，但又會因為走路的速度、行程的安排，從此分別千里之外。馬克早我們一天抵達蓬費拉達，將搭乘今天下午兩點的公車離開朝聖之路回到美國繼續研究所課程。如果我們沒在下午兩點前趕到公車站與馬克道別，下次再見不知道是什麼時候了。於是天都還沒亮，塞了幾口麵包就趕緊揹上背包出門。

　　從豐瑟巴東到蓬費拉達這段路約二十六公里，會經過鐵十字山，是法國之路的最高點大約海拔一千五百公尺，過了鐵十字山後，路形轉為下坡的山路，雖然速度比上坡快，但是容易對膝蓋造成傷害，必須特別小心腳下的碎石子，免得一路滾下山。

　　小凱的膝蓋在路上已經有幾次疼到夜裡無法入睡，但是他還是先吞了止痛藥暫時感覺不到疼痛，顧不得下坡路對膝蓋的損

・充滿綠意的可愛小鎮：莫利納塞卡

傷，小凱三步兩腳很快地就消失在我的視線裡，而我在後頭緊緊
追趕，忍住想喝咖啡的渴望，略過那些可休息的咖啡館不敢多作
停留。跨過一條古老石橋，進入莫利納塞卡（Molinaseca）這個
充滿綠意的可愛小鎮，看到幾位朝聖者脫下積滿塵土的鞋子，將
腳泡在河水裡試圖沖走疲勞，躺在草皮上放鬆緊繃的肌肉。這裡
距離蓬費拉達只剩不到八公里，算算時間還來得及，抵擋不了在
草皮上休息的誘惑，我們找了張長椅拿出隨身的乾糧充飢。

馬克來了電話：「凱西，你們到哪裡了呢？山路不好走你
們慢慢來，我將車票改成凌晨一點了。」我跟小凱相視無奈：
「那我們剛剛在趕什麼？」

蓬費拉達的庇護所San Nicolas de Flue雖然不收費採取捐獻
方式，但是環境整理得很整潔舒適，也有廚房可以煮飯，親切的
志工人員還告訴我們今晚是紀念San Nicolas的日子，庇護所會準
備免費的西班牙傳統料理——燉飯跟雞尾酒——給今天同聚在此的
朝聖者分享，簡直是天大的好消息。

再見，也要跟你說再見

‧兩個巨大炒鍋煮著給朝聖者的雞肉燉飯

‧志工親切地分送著食物

「凱西！小凱！我們終於見面了！」幾天沒見到馬克，比我第一天遇見他變得更加黝黑清瘦，遠遠看到我們便大力地揮手，雀躍地張開雙手跑了過來。凱特也笑嘻嘻地緊接在後，旁邊還跟著一個陌生的臉孔，削瘦、留著凌亂鬍渣的日本男孩。久未重逢的六人小隊拼回了四片，莎拉走在我們前面、娜塔莉走在我們後面，她們也很想念大家。

　　朝聖之路上的日子，對於時間的感受變得難以定義，第一天、第四天、第十三天，轉眼就來到第二十五天了，但是跟馬克才分開了三天，好像已經過了很久，有好多的故事要跟彼此分享。

　　凱特跟馬克興高采烈地分享這幾天我們沒參與到的過程，神祕地要我們猜測日本男孩的來頭，又忍不住一股腦地說了出來。雄介並不是朝聖者，他只是一位環遊世界中正好在這裡落腳的旅人，昨天他因為找不到提款機領錢，身上僅剩幾塊歐元，庇護所的志工特地通融讓雄介買了本朝聖者護照成為朝聖者入住，碰巧與馬克同一個房間。當他帶著行李入住，長鏡頭相機加上露營用具約有四十公斤重，馬克簡直看傻了眼。

　　雄介雖非朝聖者，但他一個人帶著這些行李，走過越南、泰國、南美、北美、非洲等近百個國家，流浪了兩個年頭，從他的鏡頭捕捉到許多美不勝收的瞬間，這些經歷讓所有人佩服，令我好生羨慕。反之，雄介聽到我們每天徒步超過二十公里如家常便飯，每個人來自不同國家，卻朝著同一個目標前進，條條如平行線般的人生在這裡交織相遇，也讓他大受感動。雄介看著那本只有一個章印的朝聖者護照：「這次旅行讓我意外成為一日朝聖者，但下次我會成為真正的朝聖者。」

・左起雄介、馬克、凱特、小凱與我，期待未來大家再相會的那天

　　庇護所在庭院中搭起棚子、桌子，裡頭放了兩個前所未見的巨大炒鍋，志工正雙手握著鍋鏟奮力地翻攪食材傳出陣陣香味，一群嗷嗷待哺的小雞排著隊伍引頸期盼，領著盤子接過燉飯跟一杯雞尾酒，我們找了張桌子坐下舉杯慶祝，越來越多朝聖者加入，更多不一樣的人生在餐桌上交流、互相影響著，這是路上最可口的一頓朝聖餐。

　　馬克真的要離開朝聖之路了，緊緊握著我們寫給他的卡片不敢打開信封，他相當感性，我敢打包票他若現在看了卡片，一定會止不住眼淚。

　　「嘿，在Camino上的分別不是句點，而是逗點，離開之後我們還在延續著各自的Camino。」

後 記
對同伴的想念

小凱

　　去到法國之路的時候是旺季，一出發便遇到許多的朝聖者，且大家的腳程都很一致，聊著聊著就漸漸地從一個人的步伐變成了一群人的步伐，一個人的餐桌變成了一群人的餐桌，一路上大家會相互等待一起喝咖啡、一起採買食物、一起望彌撒。

　　並肩而行的日子雖然習慣了，但心裡另一部分的自己還是想要一個人走的感覺，不知道是不是受到電影的影響，在出發前，一直想像自己一個人壯遊這八百公里，每天反芻從臺灣帶來尚未消化的人生哉問，然後走到世界的盡頭悲壯地聽著大海的聲音。

　　於是，我決定在蓬費拉達送別完馬克，就與同伴們分道揚鑣。

・一個人徒步之後，想念起曾經並肩的同伴

　　所有的時間都只給了自己，不需要顧慮到彼此的腳程而勉強得調整步伐，想睡多久就睡多久、想吃什麼就煮什麼，感受到截然不同的自在。

　　這裡距離聖地牙哥已經不到兩百公里，後來認識到的朝聖者，許多都是只打算走最後一百公里領證書的人，雖然也會跟他們一起吃飯交流，但是少了那股從開始就一起走到最後的奮鬥情感，突然懷念起我的朝聖同伴們……，你們好嗎？

　　我在阿爾蘇阿（Arzua，距離聖地牙哥四十公里）看到莎拉在群組裡的簡訊，今天她要一口氣走到終點，至今為止我還沒有走過超過三十公里，不管了啦，顧不了膝蓋的疼痛，我想要再見到同伴們，今天晚上一起在終點擁抱慶祝吧。

17.

打開神的禮物

Ponferrada

Villafranca del Bierzo

・因為韓國節目《西班牙寄宿家庭》，讓庇護所Albergue San Nicolas el Real成為韓國人採點行程

　　為什麼路上遇到這麼多韓國朝聖者呢？亞洲臉孔中幾乎有八成是來自韓國，住宿、餐廳除了西班牙文以外也會有韓文，韓國朝聖者之多可見一斑。有人說因為韓國天主教也相當盛行；也有人說因為韓國人喜好登山健行，但我肯定《西班牙寄宿家庭》（스페인하숙）這個韓國綜藝節目在這裡實地拍攝，絕對是韓國人來朝聖之路的一大推力。

　　節目拍攝地點是在「比耶爾索自由鎮」（Villafranca del Bierzo）的庇護所Albergue San Nicolás el Real，進入到比耶爾索自由鎮經過大片的葡萄園，這裡的氣候以及環境相當適合葡萄品種Mencia的培育，於是Mencia品種成為此地最具代表性的葡

・Mencia紅酒非常好喝,而且一瓶才五歐

・在朝聖之路竟然可以吃到韓式泡麵加蛋,超感動!

萄酒。也因為這裡曾拍攝過韓國節目，巷間小店也賣起了韓國泡麵，還可以加蛋加飯，對於吃膩麵包、義大利麵的亞洲朝聖者而言，不知道有多感動。

我在小店裡買了幾包辛拉麵跟一支Mencia的紅酒，踏著輕快的腳步經過一間羅曼式建築的大教堂，但是我絲毫沒有停下腳步，一心只想著趕快到庇護所看看節目的拍攝場景跟享用辛拉麵。有位亞洲臉孔的大哥推著眼鏡在那間大教堂底下仔細地觀看著，我們彼此說了聲「Buen Camino」後便擦身而過。

打開一包辛拉麵放進鍋裡煮，加入香辣的調味粉，這麼簡單的晚餐竟然能讓我充滿幸福的感覺，剛剛那位大哥正好聞香走了進來。他是陳墾陳大哥，已經是第五次踏上朝聖之路，聽聞我的下巴都要掉了下來。光是完成一次朝聖之路就夠累的了，怎麼還會有人想要走五次！

陳墾大哥原本是一位導遊，十幾年前偶然在一次旅行中聽到其他旅人提到有一條需要徒步八百公里來完成的朝聖之路，好奇油然而生。第一次走上朝聖之路的時候，資訊還不普及，路途中遇上許多困難，迷路、找不到住宿等等，但最終都能化險為夷，他感受到冥冥之中都有神的指引，這次的旅行觸動了他對天主教的興趣，回到臺灣後辭去了多年的工作投入於神學。

朝聖之路就像一本大自然的聖經，經過的教堂、遺址都刻畫著聖經的故事，以前的人不識字便以這種方式流傳，每一次回到朝聖之路都會發現不同的感動，於是陳墾大哥每隔幾年就會

回到這條路上。剛剛我們擦身而過的教堂是Iglesia de Santiago（Villafranca del Bierzo），中世紀時期許多朝聖者從自己的家裡出發跋山涉水而來，當時朝聖之路的環境不像現代已經增添了許多庇護所跟餐館，一路上挨餓受寒，即使到了庇護所也只有一塊墊子打地鋪過夜、洗冷水，更是不能像電影《我出去一下》在路上與朝聖者發生親密關係。也因為朝聖之路在當時是如此的艱苦，許多朝聖者在抵達Iglesia de Santiago教堂時就不幸離世，在我們看不見的教堂背後有著一大片墓園。

聽著陳大哥所描述真實的朝聖方式，此時正吃著辛拉麵的我有些受窘。雖然許多人非宗教因素而是持著各自的理由踏上這條朝聖之路，我也是如此。但是經過的每個教堂，完全不知道背後的故事以及教義，只是走馬看花真是可惜了。

是不是因為我非天主教徒，都快走到朝聖之路的尾聲了，還是沒有感受到自己改變了什麼、領悟到什麼，害怕結束之後仍然找不到想要的答案。

「神送給每位在路上的朝聖者一份禮物，藏在未來的某個時間點，妳只是還不知道會在什麼時間打開它。」

聽完陳大哥的話，讓急於找到答案的我放鬆了不少，走出門口抬頭看天上漆黑的夜空，幾顆星星一閃一閃，據說這條路對應著天上的銀河，又有「銀河之路」之稱，吸收了許多能量所以才吸引了這麼多的朝聖者前來。雖然我不知道什麼時候才能打開神的禮物，但我知道在這裡一定要打開葡萄酒。

・朝聖之路又稱「銀河之路」

・早期的朝聖者都是千里跋涉而來

・因為遇到陳大哥，讓我感受到
自己真是位幸福的朝聖者

18.
免費的紀念品，無價

O Cebreiro   Triacastela

・在庇護所外排了一個小時的隊才搶到一張床

 Camino 小知識

在山頂與世隔絕的歐塞夫雷羅（O Cebreiro）小鎮，保留著傳統的石頭路以及加利西亞石屋——以茅草覆蓋屋頂的圓石屋（Palloza），彷彿穿越時空來到中世紀的桃花源。

這裡還有法國之路上最古老的教堂之一「Igrexa de Santa María a Real do Cebreiro」，教堂外有一尊半身像，是為了紀念曾在歐塞夫雷羅小鎮任職的已故神父Don Elias Valina Sampedro，他是我們沿途所見的黃箭頭發明者，因為擔心朝聖者在路上迷失方向，於是努力提倡規劃法國之路完整的路線並且沿途以黃色箭頭做為指引。

獨自一人走上在這座山最高點的公立庇護所，門外排了長長的人龍，前一位朝聖者轉過頭對我說：「聽說剩下二十幾床，我算過了，我是倒數第十九個，妳真幸運。」這隊一排就是一個小時，冷風吹得我直打哆嗦，進了庇護所第一件事就是想沖個熱水澡，但這裡的女子淋浴間隔間竟然沒有門！連塊簾子也沒有！再

怎麼害臊也只能硬著頭皮洗，將浴巾披上門桿充當臨時門簾趕緊速戰速決吧。怎麼打開蓮蓬頭噴出來的水是冷的……第一次洗澡洗得牙齒都打顫了。

「來喝杯熱茶吧！」我心想著從臺灣帶來的烏龍茶或許可以平反剛剛洗冷水的淒苦，這間庇護所竟然也沒有熱水壺？只有一個鍋子讓一群朝聖者排隊煮泡麵。四位朝聖者在櫃子旁擺了四包泡麵，眼巴巴地看著正在緩緩滾沸的水，我放棄掙扎了，去逛逛超市隨便買點麵包、可樂，能夠填飽肚子就算過完了這飢寒交迫的一天。

逛進一間紀念品店，裡頭擺放著琳瑯滿目與朝聖意義相關的紀念品，想要挑個別針別在背包上，隨口問了老闆：「有沒有任何跟臺灣有關的別針？」想不到老闆說：「有喔！但是我們只送不賣。」咦？紀念品店的紀念品竟然只送不賣？

老闆笑著說他製作了各國國旗與朝聖之路標誌結合的別針，但他不想拿來販售，只想送給主動問起的有緣人，當作是交個朋友。老闆的收銀臺後面貼著滿滿各國的錢幣、國旗、明信片等，儼然是他的收藏品展示板，想必是收到禮物的朝聖者也想送個回禮給老闆紀念。

摸摸口袋，想翻出一些跟臺灣有關的物品作為禮物，「剛剛那包沒熱水泡的茶包！」我向老闆解釋這是臺灣的烏龍茶包，要用熱水泡喔，很好喝的。老闆笑嘻嘻地接過茶包，轉身就把茶包釘在那片展示板上，「啊……那是用來喝的……」，算了，繽紛多彩的國旗中有包象徵臺灣的烏龍茶包也滿有趣的。

・只送不賣的紀念品

・找找看臺灣烏龍茶在哪裡？

・路上撿到木製小熊

一如往常般地走著，突然間發現成排的木樁上有一個黃色的小點，但是身旁的朝聖者們沒有人停下來察看，甚至沒有人有一點點遲疑地緩下來，難道只有我看得見？我停下腳步定睛一看，是個手作的木製小熊，被塗滿了亮黃色的顏料，肚子上還畫著藍色箭頭，黃與藍是朝聖之路的象徵顏色，箭頭更是一路上方向符號，這是為朝聖之路所打造的朝聖木熊呢！

木熊釘著一張字條：「你好，我是一位朝聖者，如果你撿到了這隻熊便是我留給你的禮物，請你帶著木熊一起去到終點吧！」撿到這隻黃色木熊讓我高興極了，這可是獨一無二的朝聖紀念品，也會成為我這一路上的忠實陪伴。

字條最後留有作者湯姆的Instagram，我好奇地發了訊息與他聯繫，湯姆回信說他是位木作師傅，夢想著走完這條朝聖之路，即使因為關節炎被醫生警告沒辦法長期徒步，還是在妻子的陪伴下出發了，在他們走了十九天之後湯姆的膝蓋再也無法承受，每多走一步他就會疼得冷汗直流，妻子攙扶著湯姆一拐一拐地坐上公車，臨走前將他親手做的黃色木熊釘在公路的木樁上，希望有朝聖者能發現並且帶著木熊繼續走下去。往後的每一天我都以木熊為主角、當天抵達的地點為背景，拍張照發給湯姆，直到抵達聖地牙哥。

從特里亞卡斯特拉（Triacastela）到薩里亞（Sarria）這一段路可以說是充滿驚喜，停駐在Art's Gallery欣賞畫家亞瑟的速繪作品，每幅畫都是他從朝聖之路得到的靈感而來。出生於英國牛津，這裡是他父母的家鄉，親身走過朝聖之路後對於陌生的家鄉有了重

· 亞瑟無私地替有緣的朝聖者畫下獨一無二的「章」

新的認識以及更深的羈絆，最後他決定在這條路上買下一個穀倉，整理為藝廊以及住家，用他的天賦為朝聖之路添加色彩。

　　亞瑟的畫有抽象的愛心、箭頭，跟走入森林的背影等等，有朝聖意義加上鮮豔的用色，每幅都好想帶回家，還好同樣的圖案還有較小的明信片可以選購。亞瑟一點都沒有藝術家的架子，他要在場的朝聖者們都為成一個圈，為我們禱告、為我們現場作畫。

　　It's the way, it's true, it's life.（這就是那條路，是真實的，是人生）這是亞瑟花五分鐘快速手繪於我的朝聖護照上，留下最特別無二的朝聖印章。

19.
我是不是太衝動了？

Arzua   O Pedrouzo   Santiago de Compostela

從阿爾蘇阿出發，再走四十公里就將抵達終點聖地牙哥-德-孔波斯特拉，你能相信嗎？已經走了七百多公里，出發的時候突然意識到再過兩天就要結束了，不用再與疲倦跟睡意搏鬥，感到喜悅但又捨不得的複雜情緒共存在我的心裡，比平時更專注地看著路上每一處風景、更緩慢深沉地呼吸著每一口空氣，試圖將朝聖之路上的景色、聲音、氣味緊緊黏在腦海裡。

雖然我與朝聖隊友們已經各自分開，但是我們有一個訊息群組，即便沒有走到一塊我也知道小凱、莎拉、娜塔莉、凱特他們各自走到哪了、今天發生了什麼事。莎拉的一封訊息打亂了所有人的步調：「無法抑制即將抵達終點的激動心情，我如果停在奧普洛佐過夜一定會睡不著，乾脆直接走到聖地牙哥。」

按定計畫今天下午到奧普洛佐（O Pedrouzo），明天再走不到二十公里的路到聖地牙哥，但若是直接略過奧普洛佐可是得一口氣走四十公里，我徒步到至今最高紀錄單日三十公里已經是體力極限，但是直接衝向終點又感到熱血沸騰。

「衝？不衝？」我一直遲遲無法決定。

經過一間小餐館，現在是吃中餐的時間，我似乎想把結論交給菜單來決定，如果小餐館有什麼吃了能體力大增的食物我就衝，馬鈴薯烘蛋、披薩、薯條等都是一些再平凡不過的食物，不行不行，我不覺得我走得了四十公里，到了櫃檯結帳的時候眼角餘光卻看到旁邊冰櫃裡的能量飲料……

娜塔莉清晨五點就起床出發了，或許是倒數一站讓她再也捨不得賴床了吧，輕快的腳步將其他朝聖者遠遠甩在後頭，看到莎拉的簡訊後她毅然決定要直接衝到終點，但是光有衝勁卻沒好好看路也沒用，娜塔莉迷路了……

小凱一直以來都有膝蓋疼的毛病，時好時壞，早上又犯疼了，雖然有備著止痛藥但不到必要時刻還是盡量不吃，忍著痛慢慢走反正離奧普洛佐也不遠了，小凱找間咖啡館坐了下來，打算喝杯熱咖啡休息一下，手機裡跳出莎拉的簡訊……

過了這個十字路口就不能猶豫了，左轉是奧普洛佐，直行是往聖地牙哥的路，不知道能量飲料的成分加了什麼，我一點都不覺得累、體力異於平常，莫名地想要往前衝。這個時候小凱、娜塔莉分別從旁邊兩條小路走出來。

「你／妳怎麼也在這裡？」三個人驚訝地互指對方，娜塔莉其實早在半小時前就該經過這裡，若不是她迷了路多繞了一大圈；小凱若按照原本的速度半個小時後才會到，但是他決定服下止痛藥加速往前；能在這個十字路口偶遇昔日隊友，這個時候也沒甚麼好猶豫的了，或許我心裡早就有了決定。

・三個人在路口重逢，一起往終點前進

　　三個人在最後並肩同行一起邁向終點聖地牙哥。

　　看著教堂的尖塔突然一陣鼻酸，這一個月以來的片段在腦海裡快速回送，天未亮就要起床、烈日的烤曬、床蟲的襲擊，走不動但不得不走的掙扎；也有過無數感動的片段，路人的好心指路、認識了好多朋友、鬧哄哄的餐桌，我們分享彼此的故事跟人生看法，最重要的是在這裡交織出我們的故事。

　　穿越教堂前的迴廊，樂手吹著風笛，激昂的旋律迴盪在空氣中，路人替我們喝采：「你們做到了！」內心激動不已的流下眼淚，迴廊盡頭那光亮處就是朝聖之路的終點——德孔波斯特拉主教教堂。

　　莎拉跟凱特已經在教堂前方的廣場等我們，視線交接的剎那，我們彼此擁抱、一起流淚，真的是一場好辛苦但是又開心的奇幻旅程。心裡突然有個瘋狂的念頭，我不想停止這段旅程，我不想把剩下的假期用在歐洲旅遊，我決定——**再走一條朝聖之路，從葡萄牙走回聖地牙哥**。

· 走了八百公里來到終點竟然還想再走一條？

20.

雨不停的葡萄牙之路

Porto   Vila do Conde   Caminha

・葡萄牙之路偶爾會走進人家後院

我開始懷疑自己是不是做錯了決定。

現在是清晨六點，外頭下著滂沱大雨，雨水打在屋簷的聲音像是在跟我說：「趕快回到床上吧，為什麼離開柔軟的床跟溫熱的被窩呢？妳只要一踏出去取而代之的是冰冷的雨水、令人厭惡的濕黏感，快點回來吧！」

走完八百公里的朝聖之路——法國之路，我又乘車來到葡萄牙的波多。

這裡是葡萄牙之路的官方起點，從這裡走回聖地牙哥約兩百四十公里，距離比法國之路短了許多，大約十天可完成；地勢雖然山坡不斷但是起伏不大，不像法國之路幾天平緩好走又突然艱鉅難行。葡萄牙之路沿途滿是風光明媚的小鎮，有時走進牧羊人家的後院，好奇的羊兒嚼著草根觀賞這些借過家門的朝聖者；有時遠眺著閃閃生輝的藍色湖光，幾艘斑駁的小舟在湖面上漂漂

· 寧靜的鄉間小路

蕩蕩。葡萄牙之路路程短、爬坡難度低，朝聖者相對於熱門的法國之路偏少，如果喜愛享受一個人的朝聖徒步，是一條滿推薦的入門路段。

　　波多風景迷人、著名的波特酒口感香甜，物價還比西班牙來得便宜，從終點聖地牙哥有巴士可以乘車過來，所以不少朝聖者規劃走完朝聖之路後會來到波多放鬆旅遊。我本來也是這樣打算，但是在抵達聖地牙哥之際，突然好捨不得結束這場徒步旅程，反正原定計畫就會來波多玩，差別只在「用走的」回到西班牙。

　　帶了雨衣也只是帶心安而已，這件在超商買的三十九元輕便型雨衣，只能蓋到膝蓋抵擋綿綿小雨，我根本沒有心理準備會遇上連續的大風雨，在幾天的穿脫之下，它開始出現裂縫，雨水想盡辦法從裂縫鑽進我的皮膚，乘著風速的雨滴打在臉上彷彿是老天在賞我巴掌，沒有好好準備還敢臨時加碼超過千里的徒步之旅。

　　經過咖啡館的玻璃窗戶看見自己的倒映，大雨滂沱中薄如蟬翼的雨衣有如一朵即將被洪水沖走的黃花，屋裡面對窗戶的老先生與我對上了眼，眼神透露著困惑與憐憫。

・下大雨前還笑得出來的自拍。

・飽受風雨摧殘的雨衣

· 越來越多迷途朝聖者加入結伴同行

· 雨不停的海岸線Camino終於消停了一下

距離上次看到箭頭已經過了幾十分鐘了，擔心自己是不是沒走在朝聖之路上，我速度慢了下來，張望著有沒有跟我一樣的朝聖者。落後在我身後的婦人跟了上來，右邊岔路也有位身材壯碩的男孩正準備經過，他們分別是來自德國的馬可跟捷克的安娜。

　　「嗨！你們知道海岸線要怎麼走嗎？我跟丟了箭頭。」老天真是不公平，雨水並沒有摧毀馬可俊秀的臉龐。「海岸線？我不知道海岸線怎麼走，我是打算要走中央線的。」我轉頭看著安娜，她也搖搖頭表示不知道。

　　原來葡萄牙之路有三條路線，最多人走的是中央線，也就是我預計要走的路線。其次是海岸線，沿著葡萄牙海岸行走，藍色大海就是最佳旅伴，疲憊時可以看看那片解憂的藍。還有一條比較少人走的布拉加（Braga）路線，會經過仁慈耶穌朝聖所（Bom Jesus do Monte）。

　　我們三個人在風雨中各自拿出手機、地圖，比手畫腳地討論現在在哪？接下來往哪？有位老先生經過上前來關心我們。「你知道海岸線要怎麼走嗎？」、「你知道中央線要怎麼走嗎？」我們爭先恐後地詢問。老先生眉頭一皺說道：「你們現在走在海岸線跟中央線的中間」。

　　「原來我們走在自創的朝聖之路上！」馬可下了這個結論，在這迷路窘困的情況下有點好笑。

　　「既然我們現在在中間，不如一起往海岸線移動吧。」馬可試圖說服我跟安娜，安娜感覺上沒有太大主見，取決於少數服從多數，他們兩個看著我等待著答案，我望向馬可那對深邃迷人的眼睛，心裡想著要堅持走原定的中央線，卻從嘴裡說出「我們一起走海岸線吧」。

· 千萬不要在雨季去
走海岸線，會被雨打
到懷疑人生

　　地圖上三個偏離的小點好不容易回歸到朝聖之路上，我們終於找到指向海岸線的標誌箭頭，庇護所也在不遠處，像是看到救命的漂流木，我們拼命地在雨中游過去，卻看到欄杆是鎖上的，屋內空無一人。接近冬天的季節，朝聖者會越來越少，有時候一天只有寥寥無幾的入住人數，私人庇護所會選擇乾脆關閉等到春季再開。

　　漂流木沉下去了，我們只好繼續在雨中游著，此時我已經感受不到走朝聖之路有多驕傲、也不想再與人交談，只想換上乾淨的衣服躺下來。

　　不知道又走了幾公里，抵達卡米尼亞（Caminha）的公立庇護所，大約四十人床位塞進我們三個剛剛好滿了，空氣中瀰漫一股氣味，那種洗完衣服放了一天沒曬的濕味。庇護所裡沒有烘衣機也沒有空調，工作人員拿了一臺除濕機讓大家烘乾衣物，三、四十人的衣服、襪子、鞋子都圍繞著那臺除濕機，我試圖從空隙中穿插自己溼透的襪子跟鞋墊，拜託除濕機盡點微薄力量，好讓我明天有勇氣穿上鞋子。

　　夜裡，原本聲嘶力竭的除濕機突然再沒發出聲音了，庇護所停電了。

· 在卡米尼亞庇護所遇上停電

 Camino 小知識

　　西班牙文與葡萄牙文雖然相似，但是有些單詞念法略微不同。舉例來說，朝聖之路上的招呼詞「Buen Camino」，在葡萄牙要念作「Bom Caminho」。

21.

我想回家……

Valenca   Tui

在葡萄牙之路的第一天遇到了馬可、安娜，接著在庇護所又認識了才十八歲的德國男孩路卡斯，我們一起煮晚餐、一起把髒衣服丟到洗衣機平分所有費用，路卡斯高興地說：「太棒了！我們是一個團隊。」

　　「我們怎麼就突然變成一個團隊了？」我對被定義「團隊」感到有些不確定，僅僅因為迷路時相遇，一起來到了庇護所，就該被歸為一隊嗎？是否聊得來、生活習慣上會不會有磨擦都還不知道呢。

　　十月份的葡萄牙已經正式轉秋，進入雨季，幾乎每天都在下雨，濕濕冷冷的抵達庇護所，不管再累我都想煮份熱呼呼的晚餐。馬可跟路卡斯不善料理，讓我意外的是，安娜是兩個孩子的媽也不會，於是我準備做些培根義大利麵跟蘑菇濃湯跟大家一起吃。

　　安娜似乎覺得她應該要幫忙一起煮晚餐，在我身邊轉來轉去，當我還在備料切菜之餘就先將培根丟進鍋裡煮，培根在高溫下逼出了一鍋的油並且發出劈哩啪啦的聲響，安娜嚇得手忙腳亂將蓋子蓋上了鍋，培根全都變成焦黑的肉乾。自從煎焦了培根之後，安娜總是在晚餐前提議別煮了，拌些沙拉冷食吃就好了。此外，她也會說走了太遠的路勉強身體不好，要大家休息歇一下腿，習慣以母親的角色照顧著同行的朝聖者。

　　跟大家一起行動固然安心，但是安娜過多的關心跟隱約引導著生活起居讓我想逃離，該是要主宰自己的朝聖之路才對呀！再加上雨季沿著海岸線行走，沒能看到蔚藍的大海只是被海風狂打，我決定了……

　　跟馬可一起去曬衣服的時候，我告訴他：「我不跟你們一起走了，明天會走回到中央線了，希望能夠再終點碰面。」

　　清晨，我一個人提早出發，又是個雨下不停的日子，路上別說是朝聖者，連居民都看不到人影，少了馬可在路上跟我東扯西聊，時間感覺變得漫長，襪子吸足了雨水，那種濕黏的觸感讓我恨不得打著赤腳走算了，法國之路被太陽曬到頭昏眼花，現在我卻懷念起那陽光的溫暖。

　　啊！路邊有間咖啡館，像是找到避風港得救的喜悅，點了一杯熱咖啡將杯子捧在手掌中，凍僵的手指頭逐漸回暖，看著滿佈雨滴的玻璃窗不禁想著如果我現在在家該有多好，穿著乾淨暖和的衣服、吃媽媽煮的菜，這幾年在國外的打工生活跟旅行，每當漂泊的女兒回家的時候，我媽都會煮一桌我愛吃的，特別是她拿手的糖醋排骨。我想回家了。

瓦倫薩（Valenca）位於葡萄牙與西班牙的交界，是個被城牆包圍的小鎮，十三世紀軍隊在瓦倫薩築起了高牆用來防禦西班牙的入侵，雖然幾次遭到毀損但現今被修復保存了下來。

看見大衛爬上了城牆眺望遠方的風景，我也想看看，但笨手笨腳不知道是要用手撐上去還是要用腳蹬上去，大衛見狀好心地拉了我一把，這才看清他的臉，原來我們昨天住同一間庇護所，早上大衛還煮了一整盒水煮蛋問同房的朝聖者們要不要帶著當早餐。

站在城牆上可以看見分隔兩個國家的米紐河（Minho river）以及對面的西班牙，如此壯麗的風景讓我忍不住喊出「Amazing」（太驚人了），大衛笑著說「Amazing」是個很好的單詞，並且感激地喃喃：「感謝主讓我看見這驚人的美景。」

「要不要幫妳拍張照留念？」大衛親切地問我。
「好啊！謝謝你。」大衛拍完後還讓我看拍得滿不滿意。
「我想要再拍遠一點，風景多一點。」

大衛又幫我拍了好幾張照片，直到我滿意為止，一起翻下了城牆走上「圖伊-瓦倫薩國際橋樑」（Ponte Internacional Tui-Valença）。我問大衛為什麼想來走朝聖之路，他說四年前他已經走過法國之路，很喜歡路上寧靜的時間，讓他可以學習。

「學習什麼？」我問。
「我需要學著有耐心。」大衛想了想。
「你看起來很有耐心啊！剛剛幫我拍那麼多次照片耶，還是你其實很想推我下去？」

· 國際橋的兩端，一邊是葡萄牙、一邊是西班牙

　　大衛聽完哈哈大笑，他的笑聲是用丹田在笑的那種聲音，很有感染力。這讓我想起了在法國之路認識的威爾，他們形容自己的個性，都跟我感受到的很不一樣。

　　過了橋樑就來到了西班牙城市——圖伊（Tui），看見十二顆星星圍繞著España（西班牙）的標誌，有種好懷念的感覺，彎下腰觸摸著邊界的水泥路，「西班牙我回來了」。

　　身後陸續出現朝聖者們，有幾個人喊著大衛的名字，看來大衛在路上有著好人緣。「幫我們用手機拍張照吧！」一位經過我身旁的朝聖者說，看著手機上顯示的時間，疑？怎麼已經這麼晚了？過了一座橋就被偷走了一小時。

我想回家……

 Camino 小知識

葡萄牙與西班牙因為時
區不同而有時差，西班牙比
葡萄牙快一個小時。

22.
美食、熱水澡、人間仙境！

Mos   Ponte Sampaio

雨仍然下個不停……

傑夫沮喪地坐在椅子上說：「妳看到外面的坡了嗎？雨水像河一樣流下來，我昨天才剛把衣服全烘乾了，實在不想弄濕它們。」說完他將鼻子埋進襪子裡深深地吸了一口氣，好像在跟它做告別式。我放下手中的熱咖啡拍拍他的肩：「這雨不會停……襪子遲早還是會濕掉的。」便成為領頭羊率先離開庇護所。在法國之路上往往五、六點天剛亮就出門，現在已經八點了，不等其他朝聖者一起出發，我習慣性地早早出門。

沿著箭頭來到一處森林的入口，望進去是深不見底的黑。我最害怕的就是獨自走進漆黑的森林，腦海中浮現出許多鄉野怪談的畫面，回想起克莉絲汀說過當她獨自走在林中遇到一位陌生男子，她們擦身而過互打招呼的時候，她總覺得有些不太對勁，是男子的表情也或許是她的第六感，於是她直覺地回頭看了男子，發現他正在撿起一塊巴掌大的石頭然後望向克莉絲汀，嚇得她拔腿就跑。

「不行、不行！怎麼辦？我真的很害怕。」嘴巴喃喃自語，猶豫著是要在這裡等待還是回到庇護所？環顧四週，在這惡劣的天氣、偏僻的鄉鎮，真的是一個人都沒有，但現在如果突然出現一個人，應該更可怕。不遠處有個黑色人影緩緩地移動，我屏氣凝神地盯著他，深怕一個不留神他就會唰的一聲消失或是出現在我眼前。那個黑影不疾不徐地走了過來，原來是傑夫，他終於放棄掙扎上路了。

・第一次吃Navajas跟暖呼呼的熱湯，讓人得到了救贖

　　照理說我應該要按照平均一天二十五公里的計畫，但是我今天只打算走到十九公里遠的蓬特桑帕約（Ponte Sampaio），聽說這裡有間相當好吃的海鮮餐廳跟乾淨的私人庇護所，這一路上的濕冷真是受夠，偶爾對自己好一點沒關係吧。

　　這間海鮮餐廳叫Ostreria Romasa，點了一盤貝類「Navajas」，臺灣稱「竹蟶」，又叫「竹蛤」，白色瑩透的肉像是蛤蜊肉，外殼像是長形的薄竹片，在臺灣我從來沒有吃過這樣的貝類，西班牙或葡萄牙倒是挺常見，超市就可以買到罐頭。餐廳以烤的方式淋上橄欖油，再擠點檸檬汁，海鮮的鮮甜口感配上微酸的檸檬汁，簡直好吃得令人想飛上天。想要喝碗熱湯驅走身體的寒冷，向服務生詢問有沒有湯的料理，服務生一副包在我身上的表情，沒多久便送來一碗熱湯還附上一籃麵包，湯裡頭有淡菜、沙丁魚的碎肉，摻著像米一樣的穀物，好燙好好吃，連日來的飢寒交迫得到了救贖。

美食、熱水澡、人間仙境！

• 舒適便利的庇護所：O Mesón Hostel

來到預定的庇護所「O Mesón Hostel」，昨天認識的朝聖者都在這，因為聽到我說這裡有間很棒的私立庇護所，全都跟風來到這裡投宿。後來才知道大家在襪子外面套個塑膠袋再穿鞋，這樣襪子就不會淋溼了。欸？我提供了優質庇護所的情報，你們怎麼沒教我包襪子呢？

乾淨有熱水的淋浴間、床鋪加裝了簾子讓人有可以喘息的私人空間、投幣式的洗衣機跟烘衣機竟然只要一歐元，更棒的是Hostel旁邊就有小雜貨店跟咖啡館，這全是老闆為了朝聖者量身打造的環境。老闆年輕時也走過一段朝聖之路，雖然很想找時間走走其他的朝聖之路，但是有了家庭跟事業以後時間不再靈活，每一次接待朝聖者就像是在替他完成心願。更因為親自走過、感受到大家住在庇護所裡種種的不舒適，才能規劃出滿足朝聖者所有需求的旅社。

最近天亮得越來越晚，九點後太陽才懶懶地探出頭，氣溫低至六至八度，身體還沒開始走到發熱之前，實在是冷得難受。

聽到經過身旁的約瑟夫對著兒子說：「摸黑出門找不到黃箭頭根本是浪費時間，先去隔壁喝杯咖啡吧！」約瑟夫的話也滿有道理的，我在法國之路的出發時間是夏季的尾巴，現在季節已經轉秋，我不能將法國之路的模式直接套入在葡萄牙之路。於是也跟著約瑟夫父子一起去喝咖啡。

約瑟夫有兩個孩子，一起來的小兒子札克才十三歲，大兒子在準備升學所以這次沒有來，但他們父子三人已經在去年暑假走過北方之路。

・與約瑟父子分開不久，便遇到象徵一家三口踏上朝聖之路的銅雕

我問約瑟夫：「為什麼你走完北方之路還要再來走葡萄牙之路呢？」約瑟夫給我一個微妙的答案：「跟妳一樣，妳為什麼走完法國之路又想走葡萄牙之路呢？」

我也好奇札克連續兩年的暑假被父親抓來走朝聖之路，難道不埋怨嗎？十幾歲的孩子不是都喜歡跟同學玩在一塊打電動？札克一副沒所謂地聳聳肩膀：「爸爸想來走就一起來了，同學們也都覺得我這樣很酷。」這若發生在臺灣，肯定是不尋常的暑假活動。

用一杯咖啡的時間簡單認識到約瑟夫給孩子們做的榜樣，帶他們以徒步的方式親眼看到不一樣的世界，十三歲的孩子跟著我們每天走二、三十公里，也沒聽他抱怨；雨淋溼了鞋子，他幫忙以吹風機烘乾；老爸忙著煮晚餐，他就在旁邊幫忙準備碗盤。

· 因為忘了帽子而看見仙境般的美景

　　看著他們，又開始有了些幻想，說不定等我有了家庭的那天，會帶著孩子再來一趟朝聖之旅。

　　外面的天色變淡了一點，隱約可以看見道路的輪廓，約瑟夫、札克跟我向老闆道謝，謝謝他提供這麼棒的旅館與咖啡，父子倆摩拳擦掌一副準備要衝刺的樣子。外面氣溫不到十度但他們只穿著短袖的運動上衣，約瑟夫說他們走得很快，身體一下子就暖和了。

　　糟糕!! 我的帽子忘在旅館，得趕緊返回去拿啊。

　　在回頭的路上看到了一輩子難以忘懷的美景，說是仙境也不為過。橋樑另一頭的房屋倒影映在平靜如鏡湖面上，遠方的高山搭配冉冉蒸散的霧氣，彷彿置身在名家的水墨畫中。我站在橋上看傻了眼，瘋狂拍照試圖想用科技保存這美麗的瞬間，與我逆行的朝聖者們竟然沒有人回頭看看如此景象。

　　感謝上天讓我忘記帽子，意外地邂逅如此美景，不然我早就頭也不回的走了。

23.

一千公里的生日願望

Finisterre ──────────────────────────────→ Muxia

以為地球是平的那個羅馬時代，歐亞大陸最西邊的菲斯特雷角（Finisterre）被視為「世界的盡頭」。傳說，在世界的盡頭燃燒一件自己的物品代表重生。雖然現在已經被禁止燒東西，但我耍了點小心機，燃燒那根星星蠟燭上的燭心。

法國之路過生日的那根星星蠟燭，我一直保留到今天，從法國之路加葡萄牙之路，最後來到了世界的盡頭，一共走了一千公里一百五十多萬步，在里程碑歸零的地方，點亮蠟燭，誠懇地許下我的願望。

「希望我的旅程可以不斷更新，也希望能遇到對的人陪我一起走下去。」吹熄手中的蠟燭，看著熄滅的煙霧飄向大海升上天際。

「歸零里程碑」是所有朝聖者，甚至只是一般與朝聖無關的遊客都會爭先合照的打卡處，不過有人在那裡吹蠟燭進行著自己的儀式還是相當罕見，引起了在場遊客的側目，克里斯多也在那裡看著。

　　搭上公車前往穆西亞（Muxia）小漁村，那裡有片寧靜的大海，是電影《朝聖之路》主角帶著兒子的骨灰走完朝聖之路，最後撒向大海的終點。入住了一間面向大海的庇護所，拿著要洗的衣服、將手機接上充電器，在太陽下山之前可以休息一下，克里斯多看到我興奮地上前攀談。

　　「我剛剛有在歸零里程碑看到妳，妳就是那個吹蠟燭許願的女孩對吧!?」

　　克里斯多好奇地問起蠟燭的典故，聽到我的生日蛋糕被意外吃掉的故事，他哈哈大笑；聽到我已經走了一千多公里，他驚訝地睜大眼睛，但其實克里斯多也走完了兩條朝聖之路，只是他是分兩次走完。

　　六十歲的克里斯多已經準備要退休了，他不甘只是平淡地待在家，退休只是意味著人生另一個階段的開始，但他還沒想到要做什麼，想到年輕時曾來走過法國之路帶給當時的他許多新感受與想法，於是在退休前夕來走另一條葡萄牙之路，或許能有什麼想法。

　　我問：「你想到了嗎？」

　　克里斯多笑著搖搖頭說：「想創業，但還不是很明確。也許我會再到處走走，世界很大，還有很多可以徒步、慢慢思考的路線。那你呢？回臺灣要做什麼？」

　　「我也還不知道耶，不然我再去走走熊野古道吧？」講完我自己都笑了，為了找到答案拼命走路，是要走到哪裡停止？

　　「熊野古道？那是哪裡？也是徒步的地方嗎？」

・一個月後，我又再度上路，踏上了熊野古道，並成為全球第三千位拿到雙朝聖證書的人

　　我向克里斯多解釋，熊野古道位於日本的和歌山中，也是一條由古自今受人參拜的朝聖之路，更因為性質與我們正在走的朝聖之路相像，與法國之路締結為姊妹道，是世界唯二的兩條道路世界遺產，走完這兩條路還可以領取雙朝聖證書，目前沒有很多人完成雙朝聖的路線。克里斯多聽完，很認真地做了筆記，還要我拼寫出熊野古道的名字。

　　聊著聊著，太陽悄悄地接近海平面，我看著窗外透進橘黃的光線，趕緊從椅子上跳了起來，深怕錯過夕陽沒入的瞬間。克里斯多待會就要搭公車回到聖地牙哥，匆匆地寫下他的電郵要我回到臺灣後給他報個平安，也能與他分享熊野古道的經驗，我送了一張在路上畫的圖跟一枚自己設計的胸針給他，便離開庇護所。

　　庇護所附近的Punta da Barca，從地圖上縮小來看是西班牙國土最西邊緣的沿海半島，會不會是因為這樣跟菲斯特雷角同樣有著「世界盡頭」的稱號呢？這裡也有塊歸零里程碑。

　　這片海岸還有個鄉野傳說——遍佈的石塊中「Pedra dos Cadrís岩石」底下有個剛好讓人鑽過的小縫，因為形狀像是人體的腎臟，聽說只要鑽過去就能治癒與腎功能相關的疾病。我在石頭堆上爬來爬去，就是找不到一顆長的像「腎」的石頭，這形容詞實在是太抽象了，怎麼有可能找得到。反正我沒有什麼腎功能疾病，就別再瞎折騰，還是好好挑一塊坐著舒服的大石頭，欣賞這片大海帶來的寧靜。

　　遠方紅色的火球泡在大海裡，將海水的顏色染成粉紅，伴隨著潮汐聲，慢慢地、慢慢地消失在海平面下，坐在岩石上的人們都不說話，彷彿誰開了口就會破壞這美好的平靜，這股默契讓所有人沉浸在自己的思緒裡。

　　回到庇護所，餐桌上留了一塊小蛋糕跟一張紙條，上面寫著：「期待妳在熊野古道的分享，生日快樂。」我終於吃到生日蛋糕了！

與克里斯多的通信

嗨，凱西：

　　妳最近好嗎？走在「朝聖之路」的路上與好多人相遇的回憶，真的是個美好的時光！當妳計畫來德國的時候，請讓我知道！

　　獻上最好的祝福！

・克里斯多做的紀念板上，別著我送給他的胸針（圖片提供／克里斯多）

親愛的克里斯多：

　　謝謝你分享照片給我，這真的是一個很好的旅行紀念板，我也想要像你一樣！而且很開心看到我送你的胸針被掛在上面。

　　我才剛完成另一條在日本的朝聖之路並且領到雙證書，在這三個月內走了三條朝聖之路！（很瘋狂）

　　期待收到你的最新近況。

・在三個月內領到朝聖雙證書囉！

• 結束朝聖之路後，克里斯多繼續挑戰以色列
  國家步道（圖片提供／克里斯多）

• 徒步過程雖然艱辛但是會看見美麗的
  風景（圖片提供／克里斯多）

嗨，凱西：

　　恭喜！相信妳的經歷讓妳更了解新的「Caminos」。

　　我現在正走上「以色列國家步道」，這條步道長達一千公里以上，更是穿越了整個以色列城市。

　　通常是從北部的基布茲丹（Kibbutz Dan）為起點，但我們從特拉維夫（Tel Aviv）開始走，將路程縮短至七百五十公里。從阿拉德（Arad）到埃拉特（Eilat）這一段，我們需要穿越內蓋夫沙漠。雖然風景很美麗，但要徒步穿越也不是這麼容易的事！但是如果下次妳有機會來到這裡，試試看在沙漠中徒步旅行吧！

24.

約好了，聖地牙哥見

Santiago de Compostela

　　朝聖之路的終點——聖地牙哥-德-孔波斯特拉——充斥著朝聖者的歡呼聲，我們帶著幾百公里的淚水與汗水，一同聚集在此，每個人來此的目的都不一樣，但是相同的是在這一刻都為自己感到驕傲。

　　看見大教堂的高塔了，走到兩週前那個熟悉的路口，有些情緒在喉嚨裡翻攪，但我說不清楚是什麼，很高興完成了，卻也很失落結束了。跟第一次抵達時不一樣的是，我沒有直接走到大教堂前歡呼或拍照，找了個安靜陰涼的角落坐下，回想這四十多天的生活。

每天早上摸黑起床整理行李，在又濕又冷的清晨走路，有時候會因為漆黑而害怕；但也因為天亮而喜悅。無須時刻盯著手機安排行程或者跟誰聯絡，只要專注看著前方的黃箭頭、遇到朝聖者就可以聊天，這種簡單又獨特的生活。

　　法國之路，路途遙遙但是朝聖者多，在那裡聽到了許多故事，交了不少朋友，我們一起熱血往前衝在終點擁抱喝采；葡萄牙之路，風景寧靜而朝聖者少，有許多時間獨處安靜的思考。我很高興自己做了再走一條路的這個決定，也做到了。看見對面大樓的玻璃倒映出自己的身影，還有身旁的背包跟登山杖，像是陪伴我不離不棄的夥伴，也按摩一下小腿真的是辛苦妳了，長了不少肌肉吧！

　　約瑟夫父子早我一天抵達，已經走過兩趟朝聖之路也在聖地牙哥住過幾天，熟門熟路早早預訂好餐館約了在路上認識的朝聖者吃飯。我看不懂西班牙料理要怎麼點、需要搭配什麼樣的白酒，一切就交給約瑟夫吧。餐前的麵包是有嚼勁的法式長棍切片，光沾橄欖油就好吃的不得了，若不是其他人提醒我，可能我光吃整籃麵包就飽了，接著端來了烤扇貝、章魚，海鮮燉飯……天啊！不要說是在朝聖之路，這是平常我都不太會吃到的海鮮美食，讓我感受到何謂幸福的滋味啊。白酒瓶唰唰地開了又空，空了又開，舉杯吧！喝吧！暫時不想煩惱旅費的預算，明天醒了再說。

　　主教堂旁邊的金塔納廣場（Plaza de la Quintana）也被稱為「死者廣場」，以前是一片公墓，在燈光的照射下有個躲在石柱後的朝聖者影子，究竟是一開始建造就刻意設計的巧思？還是因為光與影所產生的巧合？我們也不曉得。酒酣飯飽之後，大家一起去金塔納廣場，真的有個明顯的朝聖者影子，絕對不是喝酒眼花，是能清楚拍下照片的。

· 抵達終點了！與朝聖者夥伴一同慶祝，好好犒賞自己

· 金塔納廣場的柱子黑影真的像是一位朝聖者的人形

· 清晨六點，就已經排了十幾人等待領取朝聖證書，包含一口氣走五十公里直接睡門口的韓國勇者

　　入夜了，回到旅館閉上眼睛該睡了，明明身體好疲倦、好疲倦但是精神卻很亢奮，腦海還回想著剛剛餐桌上的歡愉，這一個多月來是一場夢嗎？清晨六點就醒來了，已經不用再早起走路但生理時鐘還是叫醒了我，既然醒了，要不去排隊領證書吧。

　　走法國之路只要從倒數一百公里處的薩里亞（Sarria）開始走就可以領到朝聖證書，並非要從起點聖讓皮耶德波爾才有。我選擇了從法國之路的起點開始，再加上葡萄牙之路，因此一共可以領到兩張朝聖證書（免費）以及兩張距離證明書（需付費三歐）。每天前十名領證的朝聖者可以享有一份價值十八歐的朝聖餐、前二十五名可以免費參加主教堂的內

・可以到遊客中心索取雙朝聖護照

部導覽（門票十二歐）。朝聖者辦公室（Pilgrims Reception Office）八點才開門，現在時間才剛過六點，天都沒亮還飄著細雨，我撐著雨傘在無人的巷弄中快步穿越，怕被人嚇到也怕我嚇到人。快到朝聖者辦公室之前，心想自己真的很傻，為了當前十名一早就冒雨來排隊，到了門口才發現傻子真的不少，算一算我才排到第十四名。

Camino 小知識

聖地牙哥遊客中心可以領雙朝聖護照，想要去走日本熊野古道完成雙朝聖的人，可以直接使用這本護照蓋章。

前面幾名看起來是亞洲臉孔，我實在好奇他們到底幾點來排隊的，第三名是個臺灣人小璋，他說半夜腳痛睡不著就乾脆來排隊，五點來的時候已經有兩個人占了一、二名的位置，他指著兩個用睡袋包住全身，靠在牆上睡覺的韓國人。他們兩位前一天走了五十公里在晚上抵達聖地牙哥，沒訂到住宿就乾脆睡在辦公室門口，省了住宿費還排到了隔天的朝聖餐。

領完證書、簡單梳洗過後，等等要跟「旅行熊－和我的跟班Smallove」的部落客見面。Smallove是我的網友也是一路上的導師，他在2016年就走過朝聖之路的法國之路以及日本熊野古道，我從部落格向他請教相關的問題，他都一一耐心回答，與此同時他也正好在走葡萄牙之路，將要抵達聖地牙哥了！即使我們沒有真實的肩並肩一起走過朝聖之路，但透過網路分享每天路上發生的狀況，是最佳的「網路旅伴」。

雖然事先已經有做功課，領完證書後還想參加彌撒、擁抱聖雅各等儀式，但是時間跟地點在我的腦子裡還是沒有被連貫起來，幸好有Smallove先帶著我去Iglesia de San Francisco教堂參加彌撒（原在主教堂內舉行，因內部施工而變更地點），還去了遊客中心蓋了一個很美的印章，有著遠山的剪影，並且在地平線的位置寫著Santiago de Compostela Turismo，為這次蓋滿印章的朝聖者護照畫下一個美麗的句點。那本被蓋滿的朝聖護照，記錄了我每到的一間庇護所、每到的一間咖啡館，是最棒的紀念品。

最後要做的一件事——擁抱聖雅各，雖然主教堂正在整修，但是還是可以從位於金塔納廣場的入口進去參觀，不能夠帶大背包進去，旁邊有個收費寄物的地方。

‧第一次參加彌撒，當主教一一唱名朝聖者的國家，很是感動

　　Smallove帶我到廣場入口後，便準備回去庇護所休息，我們給了彼此一個祝福的擁抱，並互道「Buen Camino」。在朝聖之路上不只是路上會認識旅伴，臉書社團、SNS網路社群上認識的朋友，也能隨時透過網路分享資訊跟心得；在疲倦時為你加油打氣；品嚐到美食的時候，走在你後面的人也會聞風而至；迷路的時候也會有人跳出來告訴你，避免走了他們當初多繞的路。

　　我隨著排隊的人潮走進教堂裡的一個小房間，裡面擺放著聖雅各的雕像，往上走一段狹窄的階梯，來到了聖雅各雕像的身後，踩上個小凳子，從身後擁抱住聖雅各，像隻小鳥一樣在祂耳邊輕語：「謝謝祢帶領我來，看見了不一樣的風景、聆聽到各種百味人生，我會繼續走在這條路上跟著祢的導引。」

25.
完成雙朝聖之旅

滝尻王子

完成法國之路（800km）、葡萄牙之路（240km），緊接著隔月就飛到大阪，踏上熊野古道，打算在這三個月內領到雙朝聖證書。一方面是覺得自己體能正好，已經在朝聖之路上練就「凱西1000」的稱號，最好打鐵趁熱直接去走熊野古道；一方面也擔心回台灣開始工作生活之後，恐怕難再有這樣說走就走的旅行。（慶幸當時的決定，因為誰也不知道幾個月後爆發了全球性的新冠肺炎。）

　　很快地買了前往大阪的機票，搭乘火車到紀伊田邊駅再轉乘公車抵達「滝尻」，這裡下車後會看到熊野古道館，也就是遊客服務中心。旅客可以在館中取得詳細的路線介紹，最重要的是領取地圖跟蓋章本——雙朝聖護照，沿途蓋章到熊野本宮大社以證明走完參拜路線。

　　距離熊野古道館不遠處有一塊石碑刻著「世界遺產——紀伊山地の霊場と参詣道——熊野参詣道中辺路」，旁邊就是第一個需要蓋印的地方「滝尻王子」。

　　預計今天要從「滝尻王子」走十三公里到「近露王子」，明天一口氣再從近露王子走到熊野本宮大社二十五公里，心想，這對剛走完一千多公里的我來說，應該不難吧。

• 出發前要到熊野古道館領取雙朝聖護照以及地圖

26

沒有一天是順利的旅程

滝尻王子

近露王子

為了搭乘最早的一班火車到「紀伊田邊」，四點半就起床。搭上公車後意識便開始變得昏昏沉沉，當半瞇的視線看見「滝尻」站牌，猛然驚醒跳下火車。

太好了，比預計抵達的時間早了一些，卻發現手機電力只剩下百分之十，在熊野古道館裡慌張地將背包裡所有的東西都倒了出來，「充電線呢？怎麼可能沒有……」。

或許是在轉車的途中掉了。手機如果沒電，也就沒有辦法導航到民宿。

急忙向遊客中心詢問哪裡能買到充電線？最近的商店在哪裡？服務人員說必須搭計程車到鄰近的小鎮，這一來一回至少要花掉一小時的時間以及好幾千塊日幣的計程車費。我在古道館裡焦急踱步，如果要維持原計畫現在就得趕緊出發了，可能會在手機沒電的狀況下失去聯絡；如果現在去買充電線，晚上預定的住宿就得取消，也不知道臨時訂新住宿有沒有床位。熊野古道都是在山林裡，住宿處不多，得確定有地方住才能夠出發。

「不管了啦！先走再說！」在旅途的路上，我總是有勇無謀的往前。

熊野古道不像朝聖之路到處都有黃箭頭指路，沒走多久就開始困惑到底有沒有走在正確的路上。眼前出現一塊大石頭，旁邊似乎沒有路，石頭間有個小縫隙，難道要爬過去？

「好像要鑽過去喔……」身後傳來稚嫩的聲音，一位身形嬌小的印度女孩說著，她看過網路上部落格寫說是要鑽過去沒錯。但這個縫的大小只夠一個人通過，而且還是得在沒有背包的情況下。

· 沿途需要尋找蓋章的押印所

· 走錯路結果鑽了不必要的洞穴

 熊野古道小知識

　　我們鑽的那個洞其實是「胎內くぐり」，象徵母親的子宮。傳說鑽過洞可以保佑懷孕的婦女分娩安全，一般旅客其實不用特地鑽過去。

・熊野古道上的住宿跟西班牙很不一樣，竟然是一人住一大間

我們倆必須一個先爬過去接背包，再接著讓另一人爬，體型較大的登山者如何通過？我真心懷疑鑽洞是必要的嗎？

兩人灰頭土臉爬出來沒多久就看到第一個蓋章的小木盒，很好，至少在對的路上。

原以為會跟印度女孩結伴一起走，但彼此速度沒有辦法配合，不久我們便走散了。一路上幾乎全是山路，高聳樹林遮住了大部分的天空，僅透進了微微的陽光，不只是難走，還令人有點害怕。會不會有蛇？還是幽靈？想著想著打了個哆嗦，但至少沒有壞人，因為路上根本沒有人。

總算在五點天色轉暗前抵達近露王子的民宿，並且成功在超市關門前搶到兩盒特價的飯糰便當。一盒是今天的晚餐，一盒是明天路上的午餐。

・為了省錢買超市的便當，但其實大部分的民宿都可以加購晚餐以及早餐，甚至是帶上路的便當

　　走進預定的民宿，跟老闆娘簡單的核對完資料，抱著最後一線希望詢問有沒有手機充電線，答案還是令人失望的。民宿看起來只有五間房間，朝聖者並不多，一間和式房僅租給一組客人，與朝聖之路上數十人同睡一間房的擁擠程度完全相反。但我卻想念那熱鬧的庇護所，朝聖者們一起在餐廳裡煮飯、聊天，即使入睡時有如交響樂般的鼾聲，也好過這裡無聲的寂靜。梳洗過後經過一間敞開門的房間，裡頭是一對歐洲姊妹正在討論著明天的路線。

　　我輕輕敲了敲門問：「請問……你們有TypeC的充電線嗎？」

　　姊姊：「有喔，而且還是快速充電型。」

　　第一天在有驚無險的情況下順利結束了，當時的我不知道第二天又有更驚險的事情發生。

27.
天黑前請下山

近露王子　　　　　　本宮大社

• 熊野古道沒有想像中的好走

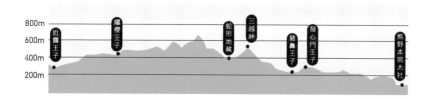

又是一整路的山林，沿途都沒有餐廳、販賣機。還好前一晚有買半價便當跟餅乾充飢，行走在熊野古道上記得要帶些乾糧。

抵達「三越峠」之前是不斷爬升的上坡路，之後是狹窄的下坡路，即使穿著陪我征戰一千公里的登山鞋，腳底板仍像是赤腳踩著健康步道，每踏一步都帶挾雜著刺痛。大腿也因為爬坡開始顫抖發軟，在昏暗的山林裡時間跟距離的感受似乎變得加倍漫長。

走到「發心門王子」已經是下午四點，再一個小時太陽就要西沉了，這裡距離終點「熊野本宮大社」還有七公里，至少還需兩個小時才走得完，心中開始猶豫著是否該在「發心門王子」停住，搭公車下山呢？還是一口氣走到終點？

　　其實我還有體力可以再走，只要接下來的路途不要再走進山裡應該是安全的，現在眼前的景色是一片廣闊的田野，於是當我經過公車站，司機問我要不要搭車，我揮手拒絕並繼續往前走。

　　走了沒多久發現熊野古道的指標又再度指向山區，如果我繼續前進，最後七公里會在漆黑的山中獨自行走，這實在是太危險了，趕緊返回剛剛的公車站牌。天啊！被我拒絕的那班車竟然是末班車，已經沒有車可以搭了，該怎麼辦！？

　　懊悔又慌張的趕緊上網搜尋還有沒有其他的交通方式，不時地東張西望期待有居民經過，可以給我些協助。沒過多久，有輛小貨車經過，一對正要回家的老夫婦在我面前停了下來，向老夫婦說明：我本來要走到本宮大社但天色逐漸變暗了，打算搭車回湯之峰的旅館，不知道附近還有沒有公車能帶我離開？老夫婦驚訝地說已經沒有公車了，而且天黑入山是連當地人都覺得很危險的事情，山區可是有很多野生動物、也可能會因為視線不佳而摔倒。

　　老先生想了一下說：「我載你下山吧。」

　　老先生七十幾歲，已經退休，一有時間就會去附近的神社幫忙打掃。因為熊野古道的關係遇到了不少國外的旅客，跟我說了幾句簡易的英文對話，感慨地說：如果能多懂一些外國語就好了，這輩子他都還沒出過國呢。我向老先生說：先來台灣吧，讓我有機會可以回報這份恩情，也相信你一定會喜歡台灣的。

・最後七公里的發心門王子

　　老先生把我送到旅館門口時才五點半，天已經完全的漆黑，無法想像沒有老先生的幫忙，我現在會在哪裡迷失，該有多害怕。老先生笑著說：「會記得我吧？」當然，我一輩子都不會忘記你的善意。

　　隔天清晨搭公車回到昨夜不得不中斷的發心門王子，其實從這裡開始到熊野本宮大社的七公里是非常美麗的，還好我沒有逞強摸黑走完，否則不僅錯失了這般風景，也會把自己置於險境。

　　大約再走三公里半，經過「伏拜王子」，有個小小的展望台，從前這裡可以眺望到熊野本宮大社的鳥居。參拜的人只要看到鳥居便開始跪下伏拜，這就是「伏拜王子」地名的由來。因為山林的樣貌改變，現在已經看不到鳥居了。

昔日女詩人和泉式部走到伏拜王子，眼看就要抵達熊野本宮，卻來了月經。早期日本也有將月經視為汙穢的傳統，和泉式部傷心地在這裡寫了一首詩以表哀痛。夜裡，熊野神卻來到她的夢中，告訴她：不要緊的，熊野三山是不分男女、階級，甚至是包容不同的信仰，任何人都可以來參拜。由此傳說可以感受到熊野三山對於信仰的開放與包容，難怪從古自今參拜的人們絡繹不絕。

　　很快地，我抵達了熊野本宮大社，蓋完最後一個印章後，走下階梯到對面的熊野本宮館。櫃檯的工作人員確認完我沿途的印章後，替我蓋上完成章，表示已經滿足日本方面的雙朝聖要求。接著我拿出翻拍的西班牙證書照片，證明我也走完西班牙朝聖之路，工作人員跟我說了一句：「お疲れ様でした（您辛苦了）。」

　　雙朝聖證書是一張細緻的和紙證書，印有「巡礼達成」的字樣。工作人員幫我拍了張照片，不久後會將照片上傳到雙朝聖的官方網站。雖然網站上沒有紀錄完成雙朝聖的名次，但是每個月會統計達成人數。2019年11月底為止，全世界有三千人完成，以此推算我至少會是第三千名。

　　終於可以悠哉地回到熊野本宮大社好好參拜，神官為我示範如何擊鼓宣示完成雙朝聖。看了一遍後實在是記不住，亂敲了一通，神官的表情看起來有點尷尬。但我仍然神彩飛揚揮動著鼓棒，慶賀自己順利完成了雙朝聖之路。

· 熊野本宮大社的舊址，現在被改建為日本最大的鳥居——大齋原

· 我在2019年11月領到雙朝聖證書

 熊野古道小知識

　　昔日的熊野本宮大社在1889年遭到洪水淹沒，據傳多數神殿遭到破壞，倖免於難的四座神殿在1991年遷移至現在的熊野本宮大社所在處，信眾持續供奉，祭祀不絕。舊址被稱為大齋原，並在2000年建造全日本最大的鳥居。

28.

原來熊野古道不是我想得那麼簡單

熊野古道

我在2019年踏上熊野古道只為了領到一紙雙朝聖證書，直到聽過豐和旅行的熊野古道分享會，我才知道熊野古道跟西班牙朝聖之路一樣，並非單指一條道路：中邊路、大邊路、伊勢路、紀伊路、大峯奧駈道、高野山町石道連接小邊路，共計六條路線。

　　這六條道路都通往最重要的神社——熊野本宮大社，並且與另兩座神社——速玉大社、那智大社——合稱為熊野三山。被大自然包圍的熊野三山自古以來被譽為神靈居住的聖地。平安、鎌倉時代，熊野三山朝拜的風氣傳遍了日本。許多人，包括天皇、武士和平民，都踏上了艱難的道路，來到了熊野。

　　曾經以為完成的雙朝聖之路，其實僅僅是熊野古道中的一條——中邊路，其他的路線是什麼樣貌，不禁讓我好奇，於是在疫情解封後的第一場旅行，便跟著豐和旅行再次前往熊野古道。

　　六天五夜的熊野之旅，滿足領到雙朝聖證書的條件之外，徒步的路線從熱門的中邊路，更延伸至大邊路以及伊勢路。大邊路沿著紀伊半島西南邊的海岸，起點從鬥雞神社到補陀洛山寺之間，沿途美麗的海岸線以及坐擁三大古老溫泉之一的白濱溫泉，不少作家與詩人更因此選擇大邊路做為參拜的路線。伊勢路是連接伊勢神宮到熊野三山的參拜路線，總長約一百七十公里，日本流傳著一句俗語：「伊勢へ七度、熊野へ三度。」（這輩子要來參拜伊勢神宮七次，熊野三次）

豐和旅行的行程除了讓我看到熊野古道的廣度，每天搭配當地的導遊更是增加了旅遊的深度。導遊向我們說明，路上的每一個「王子」除了有保佑、庇護參拜者的意象以外，也曾是古代天皇休憩的地點。像是「近露王子」的取名是因為花山法皇來參拜的路上，在這裡用餐，卻發現沒有筷子。隨從趕緊將旁邊的芒草折成兩半讓法皇代替筷子使用，早晨的露水還留在芒草的斷面，裡面紅色的芯讓露水看起來像血水一般，於是法皇問：「ち（血）か?つゆ（露）か?」（這是血還是露呢？），音同日文的近露（ちかつゆ），近露王子就是因為法皇吃便當忘記帶筷子所發生的軼事演變而來。

　　路上還有許多類似的歷史小故事透過導遊的解釋，讓人聽得津津有味，與我當時獨自一人旅行，只知道目的地卻不了解路上發生過哪些事跡是截然不同的感受，可說是補完了第一次獨旅的空白。

　　西班牙朝聖之路與熊野古道的歷史悠久，為後人留下了深遠的軌跡，我們可以花很多時間、去很多次、去不一樣的路線、甚至是不一樣的季節；可以一個人獨遊，也可以一群人同樂。雖然至今我已經完成了法國、葡萄牙之路跟熊野古道，但是我的朝聖之路仍然未完待續。

· 近露王子的由來是個有趣的插曲

· 讓法皇誤會裡面有血水的筷子

什麼是雙朝聖證書以及如何領證書？

　　朝聖之路中的「法國之路」以及日本的「熊野古道」是世界上唯二的兩條「巡禮路」世界遺產。這兩條道路也在1998年締結為姊妹道，符合這兩條朝聖之路的證書條件就可以領到雙朝聖證書。

　　領到西班牙朝聖之路的證書條件並非走完全程，只要從倒數一百公里就可以了。以法國之路為例，從小鎮薩里亞（Sarria）走到聖地牙哥-德-孔波斯特拉約為最後的一百公里，走完就可以領到西班牙方面的完成證書。服務中心的人員是以一天需蓋兩個章來判斷是否親自走完。

雙朝聖小知識

　　熊野古道沒有「獨立」的朝聖證書，只有雙朝聖證書。如果是先走熊野古道，並不會領到任何證書，必須等走完西班牙朝聖之路後，才能在聖地牙哥的旅客服務中心領到雙朝聖證書。疫情前聖地牙哥沒有印製雙朝聖證書，所以順序很重要，但疫情後聖地牙哥開始有了雙朝聖證書，不管先走哪條都可以。

・在熊野本宮大社附近會看到雙朝聖之路締結為姊妹道的歷史說明牌

・熊野古道的路線圖

熊野古道符合下列四條路線其中之一即可：

1.徒步從瀧尻王子走到熊野本宮大社（約38公里）
2.徒步從熊野那智神社走到熊野本宮大社（約30公里）
3.徒步從發心門王子走到熊野本宮大社（7公里），再到熊野速
　玉大社跟熊野那智大社參拜（這一段可搭車）
4.徒步從高野山走到熊野本宮大社（約70公里）

熊野古道上的印章形制是統一的紅色圓形，並且需要集滿日本方規定的蓋章處：

・熊野古道的雙朝聖印章都是固定的樣子

路線❶	滝尻王子走到熊野本宮大社（約38公里）
	滝尻王子
	不寢王子
	高原熊野神社
	大門王子
	十丈王子
	大坂本王子
	牛馬童子
	近露王子
	繼櫻王子
	秀衡櫻
	蛇形地藏
	湯川王子
	豬鼻王子
	發心門王子
	水呑王子
	伏拜王子
	祓殿王子
	熊野本宮大社

路線❷	發心門王子走到熊野本宮大社（7公里），再到熊野速玉大社跟熊野那智大社參拜（這一段可搭車）
	發心門王子
	水呑王子
	伏拜王子
	祓殿王子
	熊野本宮大社
	大齋原
	熊野那智大社
	青岸渡寺
	飛瀧神社
	熊野速玉大社

路線❸	熊野那智神社走到熊野本宮大社（約30公里）
	熊野本宮大社
	大齋原
	請川
	石堂茶屋跡
	小和瀨渡し場跡
	小口
	地藏茶屋跡
	熊野那智大社
	青岸渡寺
	飛瀧神社

路線❹	高野山走到熊野本宮大社（約70公里）
	高野山宿坊協会中央案内所
	大滝口女人堂跡
	大滝集落
	大股登山口
	岩本樣宅（民家）
	祓殿王子
	熊野本宮大社
	ホテルのせ川／民宿かわらび荘（二擇一）
	農家民宿政所 農家民宿山本 民泊岡田 民宿ますや（四擇一）
	吉乃屋旅館 旅館植田屋 田花館 平谷荘 山水 十津川温泉ホテル昴 ゑびす荘 やまとや 松乃家 庵の湯 奈良交通バス営業所（十一擇一）

相遇，在 *Camino*

凱西女孩再度啟程版

作者	凱西女孩
社長	林宜澐
總編輯	廖志墭
編輯	楊先妤
編輯協力	潘翰德、林韋聿
美術設計	葉霸子

出版	蔚藍文化出版股份有限公司
地址	110058臺北市信義區基隆路一段167號5樓之1
電話	02-22431897
臉書	https://www.facebook.com/AZUREPUBLISH/
讀者服務信箱	azurebks@gmail.com

總經銷	大和書報圖書股份有限公司
地址	24890新北市新莊區五工五路2號
電話	02-8990-2588

法律顧問	眾律國際法律事務所
著作權律師	范國華律師
電話	02-2759-5585
網站	www.zoomlaw.net

印刷	世和印製企業有限公司
定價	臺幣 320 元
初版一刷	2023年8月

國家圖書館出版品預行編目(CIP)資料

相遇,在Camino (凱西女孩再度啟程版)/ 凱西女孩著. -- 初
版. -- 臺北市:蔚藍文化出版股份有限公司, 2023.08
　　面;15*21公分
ISBN 978-626-7275-12-2(平裝)

1.CST: 朝聖 2.CST: 遊記 3.CST: 西班牙
746.19　　112011730